Enamorado de la Botella: Placer, dolor y soledad

Lida Prypchan

Published by Psychiatry, Philosophy & Arts, 2025.

ENAMORADO DE LA BOTELLA: PLACER, DOLOR Y SOLEDAD

First edition. December 1, 2025.

ISBN: 979-8231814015

Written by Lida Prypchan.

Tabla de Contenido

A mi madre, quien me convirtió en escritor

A mi padre, quien me hizo psiquiatra

A mi hermana Cristina, quien me enseñó a amarme a mí misma

A mi sobrino Daniel, quien es el regalo más precioso que la vida me ha dado

Introducción

Como psiquiatra, he dedicado mi carrera a estudiar y observar la interacción entre el alcohol y las enfermedades mentales. En este nuevo libro, he recopilado una serie de artículos clínicos que exploran el trastorno omnipresente y profundamente destructivo que es el alcoholismo —o TASA (Trastorno por Consumo de Alcohol)— así como la intrincada red de trastornos asociados a él.

El alcoholismo es una bestia compleja. Tiene muchas facetas, muchas manifestaciones diferentes. Es, probablemente, el producto tanto de la herencia como del entorno, y está asociado con todo, desde trastornos de personalidad hasta estrés, desde adicción a drogas hasta demencia temprana. Sus implicaciones son amplias, variadas —y desastrosas. Con este libro, pretendo ofrecer una comprensión exhaustiva de la naturaleza del alcoholismo y explorar las causas subyacentes, las tendencias y la comorbilidad que pueden conducir a su desarrollo.

El alcoholismo se caracteriza, en esencia, por el consumo excesivo de alcohol. Es típicamente crónico, progresivo y a menudo fatal. El alcoholismo puede generar una amplia gama de problemas físicos, mentales y sociales —afectando no solo al individuo, sino también a su familia y círculo social más amplio. Un creciente cuerpo de investigación sugiere que el alcoholismo no es solo resultado de una voluntad insuficiente o de un "bajo carácter moral", como se creía antes, sino que involucra factores biológicos, psicológicos y sociales complejos.

El alcoholismo frecuentemente coexiste con diversos trastornos psicológicos. Por lo tanto, es crucial entender la influencia que estos trastornos pueden tener sobre el consumo de alcohol y cualquier adicción subsecuente.

El Trastorno de Personalidad Antisocial (TPA), a menudo referido como psicopatía, es un ejemplo particularmente convincente. La investigación y el análisis están cada vez más señalando vínculos entre el TASA y el TPA, observando que una proporción significativa de alcohólicos masculinos exhiben rasgos psicopáticos, caracterizados por una descarada falta de respeto por las normas sociales. Cuando los psicópatas se convierten en alcohólicos, tienden a mostrar una exacerbación de comportamientos psicopáticos —incluyendo mentiras frecuentes, violaciones a la ley y manipulación. La creencia en su invencibilidad, fomentada por el alcohol, aumenta aún más su sensación de superioridad y su falta de empatía —lo que magnifica sus tendencias dañinas. Un estudio reciente de Krmpotich y sus colegas (2016) encontró que las personas con TPA tenían mayor probabilidad de consumir alcohol en exceso y de usar drogas, sugiriendo que el abuso de sustancias puede ser un mecanismo de afrontamiento para quienes tienen dificultades para regular su comportamiento.

Otros trastornos psicológicos asociados con el alcoholismo, o TASA, son los siguientes:

La Depresión y la Enfermedad Maníaco - Depresiva frecuentemente se correlacionan con el alcoholismo no familiar. Las personas que experimentan depresión a menudo recurren al alcohol como una forma de escape, buscando la euforia temporal que proporciona. Por otro lado, quienes padecen de enfermedad maníaco - depresiva pueden ansiar el episodio maníaco asociado con el consumo de alcohol, intentando escapar de la fase depresiva. Según investigaciones recientes, las personas que experimentan depresión —uno de los trastornos mentales más comunes— tienen un mayor riesgo de desarrollar TASA en comparación con la población general, ya que el alcohol es la forma más común de "auto-medicación" (Cochran et al., 2014).

Los Trastornos de Ansiedad, como el TEPT, el Trastorno de Ansiedad Social y el Trastorno de Pánico con Agorafobia, también están comúnmente vinculados al alcoholismo. Estudios indican que las personas con TEPT tienen más probabilidades de involucrarse en consumo frecuente y excesivo de alcohol (lo cual agrava sus síntomas) como una forma de aliviar el estrés causado por flashbacks y desencadenantes. Un estudio de Ralevski y colegas (2014) encontró que los síntomas de TEPT estaban significativamente asociados con mayor consumo de alcohol, incluso controlando otros factores como la depresión, la ansiedad y el uso de drogas. Las personas con Trastorno de Ansiedad Social (TAS) pueden usar alcohol para aliviar su ansiedad y volverse más extrovertidas en situaciones sociales. El TAS, que afecta aproximadamente al 13% de la población, lleva a las personas a usar alcohol como medio para sentirse menos tensas e inhibidas.

Un subconjunto notable de alcohólicos cae bajo la categoría diagnóstica de **Trastorno por Uso de Sustancias Múltiples**. Estas personas consumen no solo alcohol, sino también otras sustancias ilegales, como cannabis, cocaína, metanfetaminas y heroína. Los consumidores de múltiples sustancias suelen exhibir conductas impulsivas y de riesgo —y pueden usar drogas para enmascarar emociones negativas o para automedicarse por problemas de salud mental. Un estudio de Kilmer y colegas (2015) encontró que el uso de múltiples drogas se asociaba con un uso más problemático tanto de alcohol como de drogas, sugiriendo que el trastorno por uso de múltiples sustancias puede ser un factor de riesgo para desarrollar alcoholismo.

El estrés situacional, como el divorcio, es otro factor clave ligado al consumo excesivo de alcohol. Las personas pueden beber como respuesta al estrés, como una forma de afrontar las emociones negativas —con bares y otras situaciones sociales cargadas de alcohol que ofrecen oportunidades para conocer gente nueva y aliviar la soledad.

El deterioro cognitivo y su relación con el alcoholismo son cuestiones críticas que requieren mayor atención. Entender el impacto del alcohol en la función cognitiva es fundamental para mitigar las consecuencias a largo plazo del TASA. Esencialmente, el consumo excesivo de alcohol puede llevar a deterioro cognitivo y a un mayor riesgo de desarrollar demencia. Las personas con temblores esenciales también pueden tener un riesgo más alto de desarrollar alcoholismo debido a los efectos negativos del alcohol en el sistema nervioso.

A medida que los investigadores comprenden más profundamente el alcoholismo y sus causas, su complejidad se revela aún más. El TASA no surge en aislamiento, sino de una red de factores interconectados. Por ello, las personas con trastornos psiquiátricos o neurológicos deben ser monitoreadas de cerca para detectar posibles abusos de alcohol —y las opciones de tratamiento deben estar diseñadas para abordar tanto la condición subyacente como la adicción al alcohol.

Estoy especialmente interesada en las implicaciones del abuso de alcohol en las mujeres — un tema espectacularmente malentendido y en crecimiento. Las mujeres que beben en exceso tienen más probabilidades de experimentar violencia física y sexual, así como otros problemas de salud como enfermedades hepáticas y cáncer. Los estereotipos de género y las expectativas sociales pueden contribuir al abuso de alcohol en mujeres, quienes a menudo sienten presión para ajustarse a normas sociales de ser cariñosas, desinteresadas y emocionalmente estables. Esta presión puede ser abrumadora y, en consecuencia, llevar a mecanismos de afrontamiento poco saludables.

"Las mujeres están bebiendo más, y están bebiendo más como los hombres," dice el Dr. Richard Grucza, profesor de psiquiatría en la Universidad de Washington en St. Louis. Las estadísticas respaldan su afirmación. El número de mujeres que reportaron episodios de consumo excesivo aumentó un 23% en las primeras décadas del siglo

XXI, según el Instituto Nacional sobre el Abuso de Alcohol y Alcoholismo.

El libro *'Drink: The Intimate Relationship Between Women and Alcohol'* de Ann Dowsett Johnston arroja luz sobre este tema — ella discute cómo el alcohol se ha convertido en un símbolo de liberación para las mujeres, muy parecido a cómo los cigarrillos Virginia Slims lo fueron en los años 60. "La industria del alcohol ha hecho un gran trabajo convenciendo a las mujeres de que beber es un símbolo de independencia, sofisticación y empoderamiento." Ella hace especial énfasis en las tácticas de marketing que se están implementando: "La industria del alcohol está dirigiéndose a las mujeres con envases rosados y con brillo, sabores frutales y lemas como 'bebe como una dama.'"

"Las mujeres están bebiendo para afrontar el estrés, la ansiedad y el trauma. Están bebiendo para adormecer el dolor de sus vidas," escribe Johnston. Sin embargo, esto es solo una escapatoria temporal que puede llevar a la adicción y a otras consecuencias negativas: "El alcohol es un depresor. Te hace sentir bien en el momento, pero también puede hacerte sentir peor a largo plazo."

Aunque el alcoholismo tiene una etiología variada, un factor aparece en casi todos los casos: un sentido muy humano de nuestro esencial aislamiento unos de otros. Nuestra soledad común.

Jean-Paul Sartre exploró los aspectos existenciales del consumo de alcohol, cuestionando su capacidad para aliviar la soledad. Reflexiona: "Para hacernos sentir mejor, beber cambia nuestra naturaleza, volviéndonos en parte inconscientes y en parte pasivos. Tragamos náuseas para que sean soportables; nos emborrachamos con la multitud para olvidar nuestros tiempos y el abatimiento individual."

De hecho, el alcohol puede proporcionar un alivio temporal de la soledad, pero en última instancia perpetúa esos mismos sentimientos de vacío y desconexión.

Hay una melancólica ironía en la profunda soledad arraigada que nos "impulsa a beber". A pesar de buscar consuelo o alivio de la soledad, las personas a menudo se encuentran más aisladas y desconectadas que antes. La conexión humana y la compañía son esenciales para combatir la soledad —una tarea que el alcohol no puede cumplir— y, sin embargo, la misma naturaleza de la soledad puede impedir el "alcanzar" ese apoyo necesario.

Para abordar el problema del alcoholismo y su relación con la soledad, debemos fomentar una perspectiva más humanitaria. Como sociedad, necesitamos redefinir nuestra comprensión de la soledad y abordar sus causas profundas. En lugar de buscar alivio temporal a través del alcohol, debemos promover la construcción de conexiones significativas, empatizar unos con otros —creando entornos de apoyo que ayuden a las personas a encontrar consuelo sin recurrir a medios destructivos.

Como dice el refrán, "Ningún hombre es una isla." Aunque muchas veces así se sienta.

Lida Prypchan MD

Psiquiatra infantil y adolescente, *Instituto de Comportamiento de Wyoming*, Casper, Wyoming — EE. UU.

-

Cochran, G., Cole, J., Warwick, M., & Liang, H. (2014). Trastornos por consumo de alcohol y depresión: un estudio de utilización de servicios de salud utilizando datos poblacionales. Alcohol y Alcoholismo, 49(6), 703-708.

Goodwin, D. W. (1993). ¿Es hereditario el alcoholismo? Oxford University Press.

Jamison, K. R. (1993). Tocada por el fuego: Enfermedad maníaco - depresiva y el temperamento artístico. Free Press.

Kilmer, J. R., Hunt, S. B., Lee, C. M., & Neighbors, C. (2015). Uso de marihuana, percepción del riesgo y consecuencias: ¿Es el riesgo percibido congruente con la realidad? Comportamientos adictivos, 47, 34-38.

Krmpotich, T. D., T. L. Tassy, R. M. Wood, G. A. Benningfield, A. Momenan y L. C. Schweinsburg. (2016). Diferencias en impulsividad entre usuarios recreativos de cannabis y bebedores compulsivos en una población universitaria. Dependencia de alcohol y drogas, 158, 76-82.

Prevalencia a lo largo de la vida y distribuciones por edad de inicio de los trastornos DSM-IV en la Encuesta de Comorbilidad Nacional de Replicación. Archivos de Psiquiatría General, 62(6), 593-602.

Ralevski, E., Olivera-Figueroa, L. A., Petrakis, I., & Arias, A. (2014). Trastorno de estrés postraumático y alcoholismo: avances recientes y direcciones futuras. Progreso en Neuro-Psiquiatría y Psiquiatría Biológica, 52, 31-39.

El Instituto Nacional sobre el Abuso de Alcohol y Alcoholismo. (2015). Datos y estadísticas sobre el alcohol.

¿Por qué un alcohólico es un alcohólico?

Solo entendiendo las causas numerosas y complejas del alcoholismo se puede apreciar la gravedad del problema — para que la terapia pueda practicarse a nivel individual y la enfermedad combatirse a escala social. Hay cuatro causas principales: DESEOS, TOLERANCIA, PERSONALIDAD Y TIPO BIOLÓGICO, y HERENCIA:

DESEOS: En primer lugar, debemos analizar el valor hedónico y el prestigio mítico del alcohol. La historia de la humanidad muestra la tendencia del hombre a buscar el placer y huir del dolor. Esta propensión epicúrea[i] hace que el hombre sea presa fácil del alcohol, porque tiene un efecto tónico y euforizante, alivia la ansiedad y libera las represiones. En segundo lugar, ciertos prejuicios sociales o falsas creencias, como la que atribuye propiedades medicinales al alcohol, o la que dice que aumenta la fuerza y la virilidad del hombre. En tercer lugar, las presiones sociales; Es bien sabido que el acto de "beber juntos" genera solidaridad entre las personas. Por otro lado, algunos beben con sus colegas después del trabajo por presión de grupo, para no ser rechazados por ellos. Otras presiones provienen del bombardeo de anuncios comerciales que realizan campañas publicitarias de bebidas alcohólicas — su bajo costo y la abundancia de establecimientos para beber. Todo este gran poder económico está en manos de los magnates del alcohol, dueños de empresas fabricantes de bebidas alcohólicas adineradas, para quienes las campañas contra el alcohol no son rentables.

TOLERANCIA: Por esto se entiende la relación entre la concentración de alcohol en el cuerpo y el grado de intoxicación. La tolerancia varía de un individuo a otro según la edad, sexo, predisposición hereditaria, hábitos alimenticios, estado físico y psíquico, y el tiempo de intoxicación. Para que el alcohólico busque la bebida y se habitúe a ella, debe tener una forma de tolerancia que lo proteja de desórdenes orgánicos mayores y una forma de hábito que haga del alcohol una especie de suplemento alimenticio necesario para mantener el equilibrio de su metabolismo alterado. Esto ha dado lugar a la opinión de que los desórdenes metabólicos del alcoholismo pueden, a su vez, condicionar el hábito alcohólico.

PERSONALIDAD Y TIPO BIOLÓGICO: Se ha discutido sobre la "personalidad alcohólica". Son individuos que muestran fragilidad moral, carácter débil, falta de adaptabilidad social, alteraciones sexuales y, frecuentemente, neurosis. Sin embargo, debe reconocerse que muchas veces un mal comienzo en la vida, fracasos sociales y — en particular — conflictos en el ámbito emocional pueden causar una depresión nerviosa que el individuo intenta superar "estimulándose" con alcohol.

En cuanto al biotipo, se puede decir que el tipo pícnico (con tendencia a la obesidad y alteraciones ciclotímicas) tiende hacia el alcoholismo crónico, mientras que el tipo largo y delgado (esquizofrénico) tiende hacia el alcoholismo delirante.

HERENCIA: Antes se creía que el alcohólico tenía defectos hereditarios en su ascendencia que se aumentarían a medida que pasaban de generación en generación. Los autores de esta teoría afirmaban: "Los viciosos engendran bebedores y los bebedores engendran viciosos, un ciclo mantenido por el alcohol." Sin embargo, esta teoría del vicio es cada vez menos aceptada. No obstante, es indudable que el alcoholismo es más frecuente en las familias de alcohólicos.

En la práctica, se observa una mayor incidencia en personas con antecedentes familiares de alcoholismo. En este sentido, sería apropiado preguntarse si esto es una función del ejemplo, de la iniciación temprana, de una educación defectuosa o de factores genéticos.

Sólo una cosa de todo esto es cierta: que el alcohol, aunque socialmente permitido, es una droga que, como todas las demás, necesita que las personas hagan campañas para su erradicación.

Borracho de amor

Cuando una persona normal (entendiendo "normal" como el término para referirse a la media, no como un juicio de valor) se emborracha, muestra una forma de comportamiento estadísticamente promedio, llamada embriaguez simple o normal. Esto se caracteriza por un cambio en el estado de ánimo (que se vuelve expansivo o, con menos frecuencia, deprimido), en el comportamiento, la atención y la función motora. Tiene tres fases. La primera muestra un patrón de hipomanía: la persona está eufórica, anormalmente habladora, despreocupada, mentalmente ágil e intelectualmente hiper- productiva — pero esto va acompañado de una disminución en el autocontrol, así como en la atención y la vigilancia, lo cual, junto con la liberación de sus inhibiciones, le hace hablar sin tacto. En la segunda etapa hay incoherencia del habla, disminuye o desaparece completamente la capacidad de autocrítica, se ve afectada la coordinación motora (dificultad en la articulación, caminar inestable y gesticulación torpe), aumentan los cambios de humor — se ofende con facilidad, se enfurece, canta y muestra hiposensibilidad sensorial general. En la tercera fase, la persona colapsa, vomita, su respiración se vuelve dificultosa, huele a acetona, sus reflejos disminuyen, su cuerpo se siente anestesiado y puede volverse incoherente o perder el control de esfínteres. Después de dormir varias horas, despierta bastante normal, a menos que la ingesta haya sido excesiva, en cuyo caso pasa de un coma a un colapso completo — o a una vida mejor.

La diferencia entre embriaguez simple y complicada radica en la intensidad de esta última, es decir, en una diferencia cuantitativa, ya que la embriaguez complicada presenta los síntomas de la embriaguez simple, pero en forma más exagerada.

La intoxicación patológica, diferenciada de las formas simples y complicadas, se presenta en individuos cuya constitución está tan predispuesta — basta decir que es típica entre neuropáticos, histéricos, esquizofrénicos, epilépticos y psicópatas. Sin embargo, también puede ser causada por abuso de alcohol (en el alcoholismo crónico), traumatismo craneoencefálico, enfermedades cerebrales severas, sífilis, etc. Hay seis características principales de la intoxicación patológica: 1) la cantidad insignificante de alcohol necesaria para desencadenarla; 2) la entrega casi inmediata al consumo de alcohol; 3) su duración, que puede ser muy corta o muy larga (hasta 24 horas); 4) violencia extrema, por lo que con frecuencia se producen ataques homicidas, piromanía, violaciones, exhibicionismo y pederastia; 5) casi total ausencia de recuerdo posterior; 6) tendencia a la recaída.

La intoxicación patológica puede clasificarse en tres tipos: excito-motor, alucinante y delirante. En el tipo excito-motor, la persona está poseída durante varias horas por una furia incontrolable, aparta todo a su paso, golpea en cualquier dirección, gesticula de manera amenazante y muestra gran angustia en el rostro con ojos saltones y mirada fija. En la forma alucinante, el sujeto vive sus alucinaciones visuales o auditivas, confundiendo la realidad con ellas, como en delirios de flagrante infidelidad, masacres, pandillas amenazantes, etc. — con la posibilidad de reacciones homicidas impulsivas. La tercera forma es la delirante. Aquí predomina la confabulación, con cuatro temas principales: autoacusación, megalomanía, celos y persecución. En la autoacusación delirante, el borracho acude a la comisaría para denunciarse por un crimen que está en los titulares. En estos casos, es necesario proteger al individuo de impulsos suicidas. En la megalomanía, el borracho se presenta en la residencia presidencial exigiendo entrada porque él es el presidente. Cuando el tema de su delirio son los celos, puede ver y escuchar a los amantes de su esposa. En estos casos, la persona a proteger es la esposa, ya que él puede matarla. Cuando el delirio es persecutorio, el individuo busca desesperadamente protección en la policía, ya que se siente amenazado por una banda de delincuentes que quiere destrozarlo y puede reaccionar defensiva y agresivamente en su pánico.

Este artículo no lleva por casualidad el título de "Borracho de amor". Mientras lo escribía, encontré similitudes entre las etapas de enamoramiento y las fases de ebriedad. En un amorío, la conciencia se recuesta en segundo plano, asemejándose a un patrón de hipomanía: la persona está eufórica, anormalmente habladora, despreocupada, mentalmente ágil, intelectualmente hiper -productiva (trabaja y piensa mejor), pero al mismo tiempo se reduce el autocontrol (dice cosas inapropiadas como "si alguna vez dejo de quererte, te daré una renta de por vida"), la atención y la vigilancia disminuyen (no se da cuenta de que su futura suegra es intolerable y hará la vida imposible para él). En una segunda etapa, después del matrimonio, pueden ocurrir dos cosas: o prevalece la compatibilidad y la tolerancia mutua en la relación — o, como sucede en la mayoría de los casos — la incompatibilidad. Si esto sucede, se observa incoherencia verbal, disminución o ausencia de autocrítica en ambas personas, afectación en la coordinación motora (balbuceo, silencios prolongados, caminar tambaleante al llegar a casa al amanecer y gesticulación torpe durante las explicaciones) y mayores cambios de humor (irritabilidad matutina e irritabilidad vespertina), intercalados con periodos de reconciliación que, nuevamente, sugieren un patrón de hipomanía.

Estados de afinidad

La atracción, unión o cercanía entre individuos está determinada por circunstancias, pero también por identificación y antagonismo. La afinidad, ya sea por un concepto de vida similar, por una ideología compartida o por intereses en común. El antagonismo, como el que se observa entre el hombre y la mujer que alcanzan una unión perfecta al complementarse mutuamente. Pero los individuos del mismo sexo también pueden estar unidos por antagonismo, un ejemplo de ello es la relación entre una persona puramente académica y otra práctica, o entre un hombre que, aunque rico, carece de ideas, y uno que carece de recursos, pero no de ideas.

Esta introducción me lleva al tema de los hábitos, ya que el antagonismo y la afinidad tienen mucho que ver con ellos. Por lo tanto, es fácil ver que un bebedor puede encontrarse con otro y hacerse amigo por afinidad, pero al final no se puede saber si la amistad es por amistad en sí o por el alcohol; el alcohol, el dinero y la comida hacen amigos por sí mismos, pero son amigos de circunstancia, porque cuando estos tres factores desaparecen, también desaparecen los amigos.

El opuesto del caso anterior sería que desaparecieran los factores individuales, y los amigos y lo opuesto también sería la persona que reconoce su predilección excesiva por beber y busca amistades que no beben. De estas dos situaciones se puede inferir que el primer individuo se abandona sin precaución a sus apetitos, mientras que el segundo los canaliza con cautela por otros caminos.

En este sentido, la juventud debe considerarse como una etapa que determina la formación de hábitos, particularmente los alcohólicos, ya que un rasgo desafortunado o un mal hábito es como un cerdo, que cuando es joven no causa mucho daño, pero ya adulto puede causar estragos por todas partes. Durante la adolescencia, es común dejarse influir por otros (presión de grupo), cuestionar, romper con la tradición, ya que casi resulta imposible entender que uno puede ser transgresor y muy original sin hacerse daño a uno mismo. Como resultado, es una etapa de gran confusión, donde uno no se entiende bien a sí mismo, pero necesita ser aceptado por los demás. Esto conduce a la imitación, pero no exactamente de lo que es mejor.

Además, imitar los hábitos de otras personas creyendo que son propios es vivir una mentira peligrosa, porque esos hábitos pueden llegar a ser propios. Acostumbrarse a lo que es inadecuado es caer en la tela de araña, de la cual luego es difícil salir. También es difícil reconocer qué está ocurriendo... Los cambios ocurren constantemente y con ellos nuevas formas de enfocar la vida, y aunque algunas personas cambian con más facilidad que otras, hay quienes nunca cambian, o si lo hacen, no parecen hacerlo, y en lugar de vivir esa etapa y pasar a la siguiente, permanecen atascados en la misma toda su vida.

La pregunta que más frecuentemente le hacen al alcohólico por curiosidad es: "¿Por qué bebes?"

Creo que cuando haces esta pregunta, esperas una confesión de un hombre arruinado por circunstancias adversas, pero lo que recibes, por el contrario, es una respuesta muy agradable y entretenida sobre lo divertido que resulta uno después de unos pocos tragos. Analicemos la mejor respuesta, que me dio hace dos años el señor C.

Me dijo: "Mira, llevo años bebiendo. Soy un alcohólico social, es decir, disfruto del hábito alcohólico en compañía, aunque siempre he sido muy cuidadoso. Pero mi esposa me considera un alcohólico y no exactamente anónimo. ¿Por qué bebo? Eso es fácil. Por las mismas razones por las que bebo cualquier cosa; primero por placer, después por placer y porque es un hábito, y luego por placer y porque es un hábito y porque te das cuenta de que te casas con el alcohol, que es un amor aceptable pero no muy respetado, pero con la bebida como compañera puedes caminar por la calle con la cabeza en alto. Claro, encontrarás a alguien que inventará razones para beber, como un amigo que dice que lo hace porque su madre no lo amamantó (¡como si la leche materna tuviera alcohol!). Otro dice que es porque es demasiado tímido, otro porque es muy atrevido y el alcohol le pone freno (sobre todo cuando bebe "Caballito Frenao") [1] - otros porque están enamorados y no saben cómo apaciguar su pasión, otros porque es lo que manda el médico. En lo que a mí respecta, eso es una tontería."

"Bebes por placer, por puro disfrute, porque te sientes feliz, contento y vivo por dentro. De todas formas, todo tiene que ver con el alcohol: los negocios, la política, el arte, los deportes (porque siempre se dan un atracón después de un campeonato), incluso la brujería está relacionada con el alcohol, vas a una sesión espiritista o a la montaña de María Lionza [2], y solo mira cómo dejan esas botellas grandes de ron — ¡parece que llaman al espíritu de Guaicaipuro! [3] Tómate un trago de solo la mitad de esa botella y te aseguro que el Primer Negro, y todos sus hermanos también, ¡estarían debajo de mí! Mira, el alcohol está metido en todo. ¿Por qué crees que este país es cómo es? Porque todas las reuniones políticas y todas las decisiones importantes se toman con tragos, por supuesto."

"Desde que nacemos hasta que morimos, el alcohol está en todo: cuando nace un bebé hay que celebrar su primer pipí, cuando muere tu vecino, en cuanto terminas de llorar — ¡que empiece la fiesta! Cumpleaños, bautizos, bodas (hay que estar loco o borracho para casarse), bodas de plata, de oro, bodas de cobre, el Día de la Madre, el Día del Estudiante, el Día del Padre, el Día de la Juventud, el Día del Trabajador, el aniversario del pueblo donde naciste, el Día del Médico, el Día de la Enfermera, el Día del Abogado, el Día del Contador Público, el Día del Trabajador Social, al día siguiente, cualquier día que quieras, el día que pongas nombre y también el que no pongas, los trescientos sesenta y cinco días del año, y el mes y algo antes y después de las elecciones. ¿De qué hablan las campañas electorales, en realidad? De repartir licor al público para dormirles el cerebro. ¿Por qué hay tanta corrupción? Porque los políticos empapan al pueblo de alcohol, para que puedan hacer con ellos lo que quieran. Olvídalo, no hay remedio, la sociedad ya está alcoholizada. ¡Salud!"

-

[1] Literalmente, "El Caballo Frenao", una marca popular de ron oscuro extremadamente fuerte.

[2] Encuentros espiritistas muy conocidos en Maracay, Venezuela.

[3] Figuras míticas de espíritu.

Donde cae la manzana: ¿Es hereditario el alcoholismo?

El alcoholismo es un trastorno complejo que afecta a los individuos y sus familias en todo el mundo, en culturas y contextos socioeconómicos muy diferentes. Por lo tanto, durante mucho tiempo se ha debatido si el alcoholismo es hereditario.

El 'alcoholismo hereditario' se refiere a la idea de que puede transmitirse de una generación a otra mediante factores genéticos. Aunque la genética por sí sola no determina los hábitos de consumo de una persona, las investigaciones han sugerido una predisposición genética — con estudios que muestran que las personas con antecedentes familiares de alcoholismo tienen un mayor riesgo de desarrollar el trastorno ellas mismas.

Más específicamente, las investigaciones han demostrado que el riesgo de desarrollar Trastorno por Uso de Alcohol (TUA) es significativamente mayor entre los niños que tienen un padre biológico alcohólico, independientemente de si son criados por ese padre o no. Algunas de las evidencias más contundentes sobre el alcoholismo hereditario provienen de un estudio con niños varones de "hogares rotos".

En promedio, estos niños tenían seis veces más probabilidades de desarrollar un trastorno por uso de alcohol si el padre biológico hubiera sido alcohólico, que si el padre custodio hubiera sido alcohólico. Este hallazgo apoya la existencia de un componente hereditario importante en el alcoholismo — pero, ¿cómo y por qué se manifiesta esto?

Varios factores contribuyen al alcoholismo hereditario. Las variaciones genéticas en las enzimas que metabolizan el alcohol, como el alcohol deshidrogenasa y el aldehído deshidrogenasa, pueden afectar la tolerancia y la respuesta de una persona al alcohol. Para complicar más las cosas, la interacción entre la genética, las influencias ambientales y los factores sociales puede determinar la probabilidad de desarrollar un trastorno por uso de alcohol.

¿Qué es el Trastorno por Uso de Alcohol?

El Trastorno por Uso de Alcohol (TUA) es una condición médica diagnosticable caracterizada por patrones problemáticos de consumo de alcohol que conducen a un deterioro o malestar significativo. El Manual Diagnóstico y Estadístico de Trastornos Mentales (DSM-5) proporciona criterios para diagnosticar el TUA, que incluyen:

- Control deteriorado: dificultad para controlar la cantidad o la frecuencia del consumo de alcohol.

- Deterioro social: interferencia en obligaciones importantes o relaciones debido al consumo de alcohol.

- Uso riesgoso: participación en conductas peligrosas bajo los efectos del alcohol.

- Criterios farmacológicos: desarrollo de tolerancia y síntomas de abstinencia.

- Aunque estos criterios son esenciales para diagnosticar el TUA, es importante señalar que los criterios del DSM-5 no abordan específicamente el aspecto hereditario del alcoholismo, sino que se centran en los síntomas y consecuencias del trastorno por uso de alcohol.

Si los padres pueden transmitir la 'intensidad' de su adicción a sus hijos es clave para entender los elementos genéticos del Trastorno por Consumo de Alcohol (TCA). La susceptibilidad a lo que Donald Goodwin, MD, describe como el 'ciclo de la adicción' ayuda a explicar la experiencia cualitativa de la adicción al alcohol en algunos individuos.

El ciclo comienza con el placer inicial o 'brillo' que algunas personas experimentan con el alcohol — cuya intensidad se piensa que está fuertemente influenciada por factores genéticos. Sin embargo, este placer es de corta duración y es seguido por una sensación de incomodidad. Para aliviar esta incomodidad, la persona busca otra bebida, que temporalmente alivia los sentimientos desagradables. Esta sensación desagradable — o incomodidad — se denomina ansia o *craving*.

Con el tiempo, el patrón de consumo se convierte en un ciclo en el que la persona bebe para alcanzar placer y para aliviar la incomodidad. Sin embargo, a medida que avanza la adicción, el enfoque de la persona cambia y empieza a beber más para superar los efectos desagradables del alcohol que para lograr los efectos placenteros.

Este ciclo de adicción es una perspectiva útil para examinar el alcoholismo hereditario — ya que podemos ver que algunos individuos están predispuestos a experimentar altibajos más pronunciados que otros, lo que sugiere una influencia genética en su respuesta al alcohol. Entender este ciclo también nos ayuda a comprender por qué las personas pueden seguir involucradas en el consumo indebido de alcohol a pesar de las consecuencias negativas — arrojando más luz sobre las complejidades de la adicción.

Curiosamente, la noción del ciclo adictivo va más allá del alcoholismo y puede aplicarse a la búsqueda de emociones extremas, comer en exceso — e incluso al amor. La teoría plantea que cualquier adicción eventualmente produce su opuesto, donde el placer puede convertirse en dolor y el dolor puede transformarse en placer.

El concepto de Goodwin sobre el Trastorno por Uso de Alcohol como una "enfermedad familiar" también es útil para comprender la base genética de la adicción. Goodwin argumenta que las familias pueden contribuir al desarrollo del TCA a través de múltiples factores: vulnerabilidad genética, estilos parentales, modelar comportamientos de consumo — y promover valores que fomentan el consumo de alcohol.

Hemos establecido que la genética puede jugar un papel crucial en el abuso de alcohol — algunos individuos pueden tener variaciones genéticas que los hacen más susceptibles a las propiedades adictivas del alcohol y que luego pueden transmitir estos genes a su descendencia.

El entorno creado por la familia quizás sea igualmente importante. Los estilos parentales, por ejemplo, caracterizados por frustración, ansiedad e inconsistencia, pueden contribuir a la susceptibilidad de un niño al abuso de alcohol. Crecer en una familia con estas dinámicas puede generar un ambiente estresante e inestable que lleva a las personas a buscar alivio a través del consumo de alcohol.

Las familias también pueden enseñar inconscientemente a los niños a beber. Si los padres modelan comportamientos de consumo excesivo o problemático de alcohol, los niños pueden internalizar este comportamiento como la 'norma' y aprender a resolver sus propios problemas a través del consumo de alcohol. Este modelaje puede perpetuar un ciclo de abuso de alcohol dentro de la familia.

Las actitudes familiares hacia el consumo de alcohol también pueden predisponer a un niño al TCA. Las familias que fomentan el consumo — ya sea promoviendo una especie de 'machismo' o una concepción 'romántica' de la bebida — pueden instalar la idea del alcohol como mecanismo de afrontamiento. Estas 'ideas' familiares sobre el alcohol pueden, inconscientemente, suprimir una expresión honesta y promover el alcohol como una cura para problemas sociales y emocionales — aumentando aún más el riesgo de TCA.

Comprender estos factores interrelacionados es crucial para la prevención del TCA en los jóvenes — y para el desarrollo de enfoques de tratamiento dirigidos.

El tratamiento del alcoholismo hereditario presenta desafíos únicos debido a su complejidad multifactorial. La intervención temprana es fundamental, especialmente en los jóvenes — para prevenir la progresión y mitigar los efectos a largo plazo. Las opciones de tratamiento eficaces para el alcoholismo hereditario incluyen una combinación de intervenciones psicológicas, medicamentos y redes de apoyo. La psicoterapia, como la terapia cognitivo-conductual, puede ayudar a las personas a abordar problemas subyacentes que contribuyen a su consumo de alcohol. Los medicamentos se prescriben comúnmente para ayudar a manejar los antojos y reducir las tasas de recaída.

Las intervenciones específicas y los programas de prevención desempeñan un papel vital en reducir el riesgo de que los jóvenes desarrollen trastorno por consumo de alcohol — junto con la educación y la introducción de mecanismos de afrontamiento más saludables. También es esencial que las personas con alcoholismo hereditario cuenten con una red de apoyo sólida — incluyendo, si es posible, un sistema de apoyo que exista fuera del núcleo familiar.

-

Goodwin, D. W. (1993). ¿Es hereditario el alcoholismo? Oxford University Press.

Asociación Americana de Psiquiatría. (2013). Manual diagnóstico y estadístico de los trastornos mentales (5ª ed.). American Psychiatric Publishing.

Dominio sin miedo

Generalmente se asocia el término sociópata (personalidad psicopática o antisocial) con la delincuencia. En muchos otros casos el término se asocia con criminales sexuales. Aún siendo frecuente que esta asociación se verifique, es bien sabido que no todos los delincuente son psicópatas.

Por regla general, la causa de reclusión de los psicópatas en clínicas psiquiátricas no se debe a que presentan un comportamiento psicopático, más bien se debe a que presentan otros tipos de problemas psiquiátricos que complican su ya desequilibrado psiquismo, por ejemplo: crisis de agitación clásica, depresión, gestos suicidas, acceso delirante, alcoholismo y toxicomanía.

Una vez resuelto su conflicto inmediato, se hace muy difícil mantenerlo dentro de la institución ya que este tipo de enfermos, generalmente elocuentes y persuasivos, manipulan al grupo promoviéndolo a sublevarse. El típico ejemplo lo encontramos en el film "*Atrapado sin Salida*", en el cual Jack Nicholson funge de psicópata: él incitaba a sus compañeros a la rebelión (planificaba fugas, el robo del autobús para irse a la playa, etc.).

El psicópata, por lo general, es un enfermo cuya capacidad intelectual, o más bien su inteligencia, no se ve afectada por la enfermedad: en promedio tienen un coeficiente intelectual normal (término medio) o superior.

Las características de la personalidad psicopática, en mi concepto, son muy cuestionables. Creo que sólo a través de la observación detenida de la historia personal del paciente se puede llegar a hacer un diagnóstico apropiado.

Los textos clásicos de psiquiatría definen al sociópata como un individuo que a lo largo de toda su vida presenta serias dificultades para amoldarse a las normas de vida que impone la sociedad. La raíz última de todos sus tropiezos sociales es la "*triple I*": Inestabilidad, Impulsividad e Inadaptación.

Esta "*triple I*" convierte la vida del sociópata en un círculo cerrado. Es decir, debido a que el sociópata es un individuo que interiormente siente un profundo malestar que se manifiesta en un continuo aburrimiento, pone en juego su impulsividad para salir del tedio: se excede en el consumo de drogas o alcohol y tiene tendencia a participar en actividades peligrosas. Su inestabilidad le impide mantener sus relaciones interpersonales y por ello cae en la inadaptación.

Esta enfermedad se observa más en hombres que en mujeres, sobre todo de los provenientes de familias disfuncionales. Las estadísticas muestran que las causas probables del comportamiento sociopático se pueden analizar a través de dos tipos de enfoque según su origen: genético y ambiental.

El enfoque genético se basa en el hallazgo de antecedentes familiares psicopáticos: se ha observado entre los familiares de este tipo de pacientes una importante proporción de alcohólicos y sociópatas entre los hombres y de histerismo entre las mujeres.

En cuanto al *enfoque ambiental*, se ha observado que hay más sociópatas provenientes de medios inestables y carentes de educación (abandonos, familias disociadas, rechazo afectivo, malos tratos).

La infancia del sociópata se caracteriza por una marcada indisciplina escolar y hacia sus padres. Este comportamiento se agudiza más en la etapa de la adolescencia durante la cual puede llegar incluso a cometer pequeños actos delictivos.

En la edad adulta prevalece esta conducta sólo que se extiende a casi todas las esferas de acción del individuo: tiene dificultades para mantenerse en un trabajo de manera estable (inestabilidad), hace negocios fantásticos que terminan en el fracaso, en una alta proporción se convierte en "*el parásito*" de su esposa o de su familia; de no ser así participan frecuentemente en actos delictivos: robos, estafas, falsificación de firmas, emisión fraudulenta de documentos, usurpación de títulos y profesiones, uso y tenencia de drogas, prostitución hetero y homosexual que podría llevar implícita el chantaje convirtiendo al "cliente" en víctima.

Su vida afectiva es igualmente inestable: separaciones, divorcios, abandonos de familia, relaciones efímeras. Por lo general, huye ante los conflictos y los compromisos con los demás. Está en constante búsqueda de nuevas aventuras que lo distraigan. No aprende de sus fallas e inexorablemente cae una y otra vez en los mismos errores, sin experimentar pena ni remordimiento (en caso de producir daño moral a alguien), no toma medidas preventivas para evitar cometer los mismos desaciertos.

Es incapaz de mantener sus logros (le cuesta proyectarse hacia el futuro). No tolera las frustraciones y al padecerlas reacciona incontrolada y desproporcionadamente. Tiene una gran capacidad para engañarse a sí mismo y a los demás y tiene tendencia a confundir lo fantástico con lo real. Es más amoral que perverso.

Como dije antes, a mí todas estas características me parecen muy cuestionables. Yo me pregunto: ¿Cuál triunfo es duradero en la vida?, ¿Quién no cae en el mismo error varias veces?, ¿Es todo drogadicto un psicópata?

Siendo tan común en nuestras sociedades el consumo - casi excesivo - de alcohol, cabe preguntarse: ¿es éste un rasgo psicopático?

Los divorcios y separaciones: no sólo se presentan en los psicópatas ¿no es acaso denominador común de nuestras sociedades?

Por ello, como expliqué antes, sólo acoplando muchos de los rasgos de la personalidad presentados estaremos en capacidad de distinguir al psicópata del individuo estable de nuestra época.

30

Las botellas vacías, las esposas buscan refugio

Existen algunos casos raros de personas que disfrutan de una larga vida y excelente salud a pesar de sus excesos alcohólicos, mientras que otros que beben menos y decaen después de apenas unos meses de excesos. El alcoholismo depende de las cantidades consumidas por una persona a diario, sujeto a ciertas condiciones inherentes o adquiridas por el individuo. Son las anomalías psíquicas permanentes y los síntomas neurológicos y generales los que definen el alcoholismo crónico.

Al principio, los síntomas psíquicos varían, pero a medida que se desarrollan lesiones cerebrales y generales, pronto se vuelven uniformes, degenerando en demencia alcohólica. La esencia del carácter alcohólico reside en la fragilidad emocional, la intensidad de las emociones, la debilidad de la voluntad y la ausencia de inhibiciones. Dependiendo de su educación, el alcohólico permanece afable en sus relaciones con los demás, siempre que no sea enfrentado. Si esto sucede, con su familia, su jefe o, en ocasiones, sus pares, puede perder el control, volviéndose agresivo y brutal.

Durante los primeros años de sus excesos alcohólicos, porque es agradable, simpático e inteligente, además de un poco hipócrita, es bien querido, mientras que en casa es un tirano, una criatura abyecta que sumerge a su familia en la desgracia. La frivolidad es típica del alcohólico: se deja llevar por estímulos externos, sus emociones están en constante cambio. Su comportamiento se caracteriza por la inconstancia, la indiferencia, la amoralidad, la satisfacción de sus necesidades inmediatas sin prestar atención a la ética o a las consecuencias de sus acciones. Esa euforia superficial es típica del temperamento alcohólico, una cierta sentimentalidad extraña o una eternidad de quejas abruptas, que producen una impresión de autenticidad cuando en realidad son mera hipocresía.

Su pérdida de energía (abulia) también es típica. Su intelecto disminuye considerablemente, terminando en demencia alcohólica. Los disturbios mentales ocurren en el siguiente orden, comenzando por la falta de atención, incapacidad para concentrarse, olvidos, incapacidad para aprender, reducción del horizonte psíquico, y además del olvido, pérdida de memoria. Las asociaciones son sueltas y superficiales, es incapaz de pensar y su juicio es poco sólido. La mentalidad alcohólica se caracteriza por la búsqueda de excusas para dejar de beber y de razones para seguir, pero ya sea que sea un intelectual refinado, un empresario adinerado o un trabajador analfabeto, por alguna razón siempre intenta justificarse.

Los síntomas físicos son los que finalmente permiten hacer un diagnóstico: expresión facial, temblores, síntomas cinéticos, síntomas motores, síntomas sensitivos, reflejos cutáneos, estado nutricional, alteraciones en el corazón y el hígado, cambios en los patrones de sueño, alteraciones sexuales y, si los hay, convulsiones. Un alcohólico tiene rasgos faciales permanentemente rojizos con redes de capilares rotos en la punta de la nariz y en las mejillas. El temblor cuando necesita sustento no es invariable, ni exclusivo del alcoholismo, pero frecuentemente aparece como un temblor regular con pequeños espasmos. Síntomas cinéticos como un bigote tembloroso al hablar (para que esto sea visible, el bigote debe ser delgado, porque si es grueso y agresivo como el de Magnum, ni siquiera unos ojos biónicos podrían verlo), temblor del párpado superior, contracciones mioclónicas de varios músculos y marcha inestable en las etapas más avanzadas.

Los síntomas motores son: encefalitis poliomielítica superior, hemiplejía o monoplejía tras meningitis, o hemorragia cerebral en casos de accidente cerebrovascular grave. También puede haber paresia parcial o cierta laxitud en los músculos faciales. Los síntomas sensitivos son dolores erráticos o hipoestesia en las extremidades inferiores y calambres en las pantorrillas. En la mayoría de los casos, los reflejos cutáneos están muy intensificados.

En cuanto a la nutrición general, hay alcohólicos obesos (los que beben cerveza y vino) y delgados (los que beben bebidas de licor), pero la pérdida de peso, incluso el marasmo, casi siempre es evidente en casos severos de alcoholismo. También son evidentes la hipertrofia cardíaca y la degeneración grasa, que causan arritmias y falla cardíaca. En su sistema digestivo, los alcohólicos pueden sufrir inicialmente de gastritis, que posteriormente evoluciona a una úlcera gastroduodenal acompañada de vómito matutino. La degeneración grasa se presenta en el área del hígado, seguida más tarde por cirrosis y, finalmente, fallo hepático.

Entre las alteraciones del sueño, la más frecuente es el insomnio. Hacia el final de la enfermedad, pueden ocurrir convulsiones de tipo epiléptico. En lo sexual, el alcohólico tiene una libido elevada y una potencia reducida, siendo esta última responsable de su frecuente retraso en el orgasmo o la eyaculación y, posteriormente, la impotencia, una afección que aumenta sus delirios de celos.

Dejé los delirios de celos para el final porque son una característica muy frecuente en el alcoholismo crónico. Este tipo de delirio es curioso, ya que mientras el alcohólico permanece insensible a ciertas infidelidades de su esposa, incluso las condona, sus ataques de celos ocurren cuando menos hay razón para ello. Tales ataques suceden cuando llega a casa borracho en las primeras horas de la mañana y acusa bruscamente a su esposa de infidelidades, incluso buscando entre las sábanas rastros de ellas (o buscando a su amante debajo de la cama y quizás incluso, ¡ay!, encontrándolo) o en el armario, o buscando indicios en su rostro o ropa, alguna pista en sus excusas o en las palabras o actitudes de sus hijos. Esa rabia de celos provoca golpes, insultos y, no pocas veces, la muerte violenta de la esposa infiel, y lo que es más triste, muchas veces sin que ella haya sido infiel en absoluto.

Por eso, cuando el bar cierra al amanecer y toda la bebida se ha consumido, las esposas buscan refugio...

Hay alcohólicos y entonces hay alcohólicos

"Todo lo que sabemos de la felicidad es la palabra misma. Nuestro compañero más antiguo es el vino nuevo. Acarícialo con tus ojos y coge con tus dedos la única cosa buena que nunca falla: el ánfora viva de la sangre de la vid." - Omar Khayyam, Rubaiyat

Indudablemente hay alcohólicos y entonces hay alcohólicos; son ricos y perfumados, pobres y desaliñados, malhumorados y agresivos, dulces y cariñosos, llorando o en silencio, brillantes u opacos, astutos o perversos, refinados o insípidos. Sin embargo, esos no eran los parámetros que Fouquet y Jellinek seleccionaron para definir sus clasificaciones de los principales tipos de alcoholismo. La clasificación que presento aquí es una adaptación de la establecida por Jellinek, en la que elaboró ciertos aspectos de la clasificación de Fouquet.

A) El bebedor con dependencia del alcohol: Es el individuo con dependencia psicológica, que encuentra alivio en alguna tensión emocional o malestar físico, o que simplemente afirma tener el valor para enfrentar "sobriamente" las cargas de la vida cotidiana. Ingiera grandes cantidades de alcohol, pero no pierde el control y puede abstenerse. Los síntomas de abstinencia son raros, a menos que el consumo se interrumpa abruptamente, como cuando es hospitalizado por una lesión o enfermedad (con frecuencia cirrosis hepática o polineuritis).

B) El alcohólico que bebe vino: Este individuo puede controlar la cantidad de bebida que ingiere en un momento dado y rara vez necesita beber hasta el punto de intoxicación severa, pero no puede abstenerse ni por un solo día. Si lo hace, experimenta fuertes ansias y casi de inmediato muestra síntomas de abstinencia, que en pocos días llevan a delirium tremens. Por tanto, presenta dependencia física y psicológica. Pocos de estos consideran que son alcohólicos, pero la realidad es que están en un estado constante de ligera intoxicación. Por esta razón, esto constituye un problema de salud pública en países consumidores de vino como Francia e Italia.

C) El bebedor compulsivo: Es el individuo que, una vez que ha tomado el primer trago, bebe hasta que se acaba su dinero, alcohol o hasta que la pérdida de la conciencia o un accidente terminan la sesión. La pérdida de control va acompañada de una tolerancia creciente, dependencia psicológica y luego física, ansias violentas y síntomas de abstinencia en caso de privación. Es frecuente en Canadá, Estados Unidos, Australia y países nórdicos.

D) El alcohólico sintomático: En este caso, el alcoholismo del individuo es secundario a algún trastorno psiquiátrico, como neurosis (especialmente fobias), psicosis (depresión o esquizofrenia) o alguna lesión orgánica (como cambios iniciales en un tumor cerebral). Es particularmente común en hombres que con el tiempo desarrollan dependencia física y adicción.

E) El bebedor ocasional: Es la persona que alterna cortos períodos en los que bebe cantidades patológicas, con largos períodos en los que puede beber razonablemente o abstenerse por completo. El borracho de fin de semana pertenece a este grupo. Esta es la forma predominante de alcoholismo en Venezuela: esos machos envejecidos que, si no salen a dar una vuelta y terminan estampándose contra una pared, pasan de viernes a domingo presumiendo de sus conquistas.

F) El dipsómano: Este solo bebe durante cortas crisis (horas o días) sin que nada más le importe; generalmente se encierra y consume cualquier cosa que encuentre a su paso, incluso agua de colonia, perfume o alcoholes de quemar, alcanzando un estado severo de intoxicación alcohólica que produce un coma del cual emerge arrepentido y rechazando el alcohol. Abstiene durante largos períodos, pero con el paso de los años desarrolla una neurosis alcohólica. La dipsomanía es más frecuente en mujeres.

G) El alcohólico crónico: Es el destino final de los bebedores excesivos, sin importar la forma que adopte su alcoholismo. El alcohólico crónico presenta cambios psicológicos y físicos, siendo estos últimos debidos no solo al efecto desafortunado del alcohol en los órganos y sistemas, sino también a hábitos nutricionales inadecuados y alteraciones hidro-electrolíticas. Este individuo sufre de diarrea y náuseas constantes que agravan aún más su malnutrición. Esta condición frecuentemente se complica con polineuritis o cirrosis hepática, seguida poco después por insuficiencia hepática. En esta etapa, se siente borracho incluso después de beber pequeñas cantidades porque su tolerancia ha disminuido. Su situación económica se deteriora porque es incapaz de trabajar; es rechazado por su familia y la sociedad, y termina en el hospital por alguna complicación física o trastorno psiquiátrico como delirium tremens, alucinaciones alcohólicas, epilepsia o psicosis paranoide.

¿Cuál fue primero, el alcohol o el crimen?

En julio de 1982, los doctores Román Prypchan y Pedro Téllez Carrasco presentaron, para su avance profesional, un estudio detallado sobre 150 habilidades psiquiátricas titulado: «Problemas en la práctica de la psiquiatría en Venezuela. Análisis de algunos casos de muestra».

En este trabajo, los autores encontraron que las psicosis alcohólicas constituían el 9 % del total de la muestra. Hubo 9 casos de embriaguez patológica, 2 con delirios alcohólicos de celos, 1 caso de alucinosis alcohólica y 1 de paranoia alcohólica. Entre el total de casos de la muestra, hubo 67 delitos contra las personas, subdivididos en 49 homicidios, 1 cómplice en homicidio, 6 uxoricidios, 2 infanticidios y 9 casos de lesiones. Al correlacionar las psicosis alcohólicas con los delitos contra las personas, se observó que 10 psicosis alcohólicas fueron responsables de 7 homicidios, 2 uxoricidios y 1 caso de lesión. Solo 2 casos estaban relacionados con delitos contra la propiedad y 1 con un delito contra la moralidad. De esto se puede deducir que la influencia del alcohol fue prácticamente insignificante en los delitos contra la propiedad y la moralidad, mientras que en los delitos contra las personas su influencia fue la más significativa. Además, se observó que los días en que se registró mayor incidencia delictiva fueron los fines de semana y feriados (un hecho que no ha variado desde principios de siglo).

También se pueden encontrar datos muy interesantes en el trabajo de otros autores revisados por Téllez y Prypchan. Por ejemplo, Rendón Aponte y Arocha Echenagucia, en su trabajo titulado «Homicidio e influencia alcohólica», entre 2.220 delincuentes de la Penitenciaría General de Venezuela, encontraron que 616 de los 1.467 homicidios fueron cometidos bajo la influencia del alcohol; esto demuestra que, aunque el alcohol no es un agente causal, sí facilita la aparición del delito. Sin embargo, también puede argumentarse lo contrario: que la persona ingiere alcohol para tener valor para cometer el delito.

Por otro lado, en el trabajo «Causa estadística de cuatro problemas sociales en Venezuela», Ricovery López sostiene que en el 60 % de los casos en que se derramó sangre, el agente causante fue la influencia del alcohol.

J.M. Echeverría informa en su estudio «Alcoholismo y delito» — «...en los grupos marginales, la vagancia, el lenguaje soez y la ebriedad actúan en conjunto en la causa de la violencia. En estos grupos hay una marcada tendencia al primitivismo; los estándares y controles sociales pierden su efecto inhibidor y conducen al delito, por lo que la mayor incidencia de disputas comunitarias, uso de cuchillos, lesiones sin sentido y homicidios se da en estos ambientes durante los días de pago, fines de semana, Navidad, Carnaval y Semana Santa».

J.M. Mayorca, en un artículo publicado en un periódico de Caracas sobre el tema de los anuncios de bebidas alcohólicas, informó que desde 1970 hasta 1980, el consumo per cápita de alcohol en Venezuela había aumentado de 103.74 a 176.27. Como consecuencia, también aumentaron los suicidios, de 243 a 285, y los homicidios, de 1.002 a 1.576.

Con respecto a la pregunta «¿Cuál fue primero, el alcohol o el delito?», tendríamos que determinar no el primer pecado del hombre, sino su primer delito, y si fue desencadenado por el alcohol o no. Lo que es cierto es que, sin causar directamente el delincuente, el alcohol hace que las personas sean agresivas e irritables incluso por una razón tonta. Para confirmarlo, basta con ver algunas películas de vaqueros: al atardecer se congregan en la taberna, a medianoche empiezan los tiroteos, y al amanecer no queda alma que pueda contar la historia más que un Manuel Matorrales, que fue el único hombre que no bebía porque tenía gastritis.

Un largo camino por recorrer: Comprendiendo las complejidades del alcoholismo en mujeres

Las investigaciones actuales muestran que el alcoholismo (o TUS, Trastorno por Uso de Sustancias) en mujeres se ha vuelto más prevalente. Las implicaciones de esto no deben pasarse por alto. Aunque el alcoholismo suele estar asociado con los hombres, las mujeres experimentan aspectos únicos de este trastorno que pueden arrojar luz tanto sobre los cambios en los roles de género como sobre el abuso de alcohol en general. Al explorar los factores específicos que caracterizan el alcoholismo en mujeres, podemos ofrecer mejor apoyo y brindar intervenciones más adecuadas.

Un aspecto notable del alcoholismo en mujeres es la edad de inicio. La investigación indica que las mujeres tienden a desarrollar TUS a una edad más avanzada en comparación con los hombres (Greenfield et al., 2010). Este retraso en el inicio puede deberse a factores culturales y sociales que desincentivan a las mujeres a beber en exceso en sus años más jóvenes. De hecho, los estudios indican que las mujeres con TUS tienden a mostrar comportamientos sumisos durante su infancia, pero en la edad adulta pueden volverse rebeldes y participar en comportamientos impulsivos (Zilberman et al., 2003). Como cuidador, o incluso como miembro de la sociedad, es fundamental ser consciente de que las mujeres pueden no presentar problemas relacionados con el alcohol hasta más adelante en la vida.

Curiosamente, en comparación con los hombres, las mujeres que luchan contra el alcoholismo tienen más probabilidades de presentar una enfermedad depresiva concomitante (Brady y Randall, 1999). La depresión puede preceder o coincidir con el consumo excesivo de alcohol, y este a menudo se utiliza como una forma de automedicación para aliviar el dolor emocional.

Sea cual sea la 'razón' para beber, el alcoholismo en mujeres generalmente tiene consecuencias más severas. Desde un punto de vista fisiológico, las mujeres tienden a desarrollar problemas de salud relacionados con el alcohol más rápidamente y con niveles de consumo menores que los hombres (Frezza et al., 1990). Las mujeres son más susceptibles a daño hepático y otras condiciones relacionadas con el alcohol.

El aspecto conductual también es diferente. El alcoholismo en mujeres es más propenso a incluir un "cambio de personalidad" cuando beben. Las mujeres encontrarán más comúnmente hematomas inexplicables después de un episodio de consumo y sentirán la necesidad de beber antes de entrar en una "nueva situación" (Instituto Nacional sobre el Abuso de Alcohol y Alcoholismo, 2020).

Las mujeres a menudo usan el alcohol con fines medicinales, como una forma de automedicarse ante el malestar emocional o síntomas psicológicos. En contraste, los hombres tienden a usar el alcohol de manera recreativa y social (Brady y Randall, 1999). Además, muchas mujeres reportan un aumento en el consumo durante el período premenstrual, y las mujeres alcohólicas con frecuencia tienen antecedentes de tensión premenstrual en comparación con las mujeres no alcohólicas (Brady y Randall, 1999).

¿Qué hace que las mujeres, en particular, sean susceptibles al trastorno por consumo de alcohol (TCA)?

Las investigaciones sugieren que las mujeres que luchan contra el alcoholismo suelen presentar una mayor prevalencia de experiencias disruptivas en la infancia. Estas experiencias pueden incluir la pérdida de un padre o un familiar cercano, la inestabilidad familiar o antecedentes de problemas psiquiátricos (Greenfield et al., 2010). Estas experiencias adversas en la niñez pueden contribuir al desarrollo del alcoholismo en la edad adulta, a veces agravadas por antecedentes familiares de abusos de alcohol.

Las mujeres con TCA tienen más probabilidades de tener familiares que también enfrentan problemas de adicción y alcoholismo, así como una mayor prevalencia de parientes que están clínicamente deprimidos o que tienen antecedentes de suicidio (Dawson et al., 2010). Esta fuerte predisposición familiar resulta interesante y destaca la necesidad de una revisión sistémica y profunda de las medidas de intervención y prevención existentes.

Las mujeres alcohólicas suelen citar eventos traumáticos como desencadenantes de su consumo excesivo de alcohol. El divorcio, el rechazo, el abandono y los problemas de salud son eventos comunes que pueden llevar a las mujeres a buscar consuelo en el alcohol (Greenfield et al., 2010). Estos eventos traumáticos, combinados con una vulnerabilidad al alcoholismo, resaltan la necesidad de una atención más enfocada en el trauma y una expansión de la "educación sobre trauma" —tanto en un contexto clínico como en la población general.

Existen otros factores, específicos de las mujeres, que son relevantes ante el aumento de las tasas de TCA en mujeres:

Familias disfuncionales

Las mujeres que crecen en entornos disfuncionales frecuentemente experimentan una cantidad significativa de lo que podríamos llamar "vergüenza tóxica", que puede conducir a baja autoestima, ansiedad y depresión (Haverkos, 2020). Datos recientes muestran que el TCA es más probable cuando el abuso de alcohol se extiende a través de la estructura familiar, por ejemplo, incluyendo a padres, tíos, tías y abuelos (O'Connor et al., 2016). La exposición al alcoholismo en el hogar es un factor poderoso en el desarrollo del TCA, especialmente en las mujeres.

Abuso de múltiples sustancias

El abuso de múltiples sustancias es el uso de dos o más drogas psicoactivas para lograr un efecto deseado. Las mujeres con TCA tienen más probabilidades de usar cannabis, metanfetaminas (cristal) y otras drogas ilícitas (*Substance Abuse and Mental Health Services Administration*, 2020).

La tasa de uso de metanfetaminas es significativamente mayor en áreas rurales, lo que conduce a tasas más altas de TCA en estas regiones (Berg et al., 2017).

Múltiples matrimonios

Las mujeres con TCA que han tenido múltiples matrimonios y/o relaciones a menudo tienen un pronóstico de recuperación más adverso (Vaillant, 2019). El número de matrimonios es un factor de riesgo crucial, ya que las mujeres en matrimonios duraderos tienen mejores resultados. Los hijos nacidos de diferentes padres, con distintas experiencias de vida, generan desafíos significativos y agravan aún más los efectos del TCA.

Relaciones y crianza

Cuando una mujer con trastorno por consumo de alcohol (TCA) bebe en exceso, su personalidad se "transforma" y sus límites se "difuminan" en mayor medida que lo que experimentaría un hombre. (Hommer, 2016). También aumenta la probabilidad de encontrarse con hombres que también consumen alcohol y participan en comportamientos de riesgo (Eastwood et al., 2017). Los hijos de madres alcohólicas a menudo experimentan negligencia emocional, suelen asumir el papel de cuidador (parentalización) y experimentan confusión en los límites (Delle-Vigne et al., 2020). Las niñas que crecen con esta dinámica se ven sobrecargadas con roles para los cuales no están preparadas desde el punto de vista del desarrollo. Los resultados del estrés emocional pueden afectar la salud mental futura y la identidad personal, además de que la vergüenza asociada puede contribuir al "secreto" familiar y a una cultura familiar alcohólica sin cuestionamientos.

TDAH y comorbilidad

El TDAH, o Trastorno por Déficit de Atención e Hiperactividad, tiene un vínculo genético con el alcoholismo (Nigg et al., 2020). Las personas con TDAH tienen un riesgo aumentado de desarrollar Trastorno Oposicional Desafiante (TOD), trastornos del estado de ánimo, trastornos de ansiedad, trastornos de conducta y trastornos por consumo de sustancias, como el TCA. (Manejar a niños que tienen TDAH y otros trastornos relacionados puede ser un desafío, pero la investigación actual indica que un diagnóstico y tratamiento tempranos promueven mejores resultados).

Entonces, ¿qué se puede hacer para apoyar a las mujeres en su camino hacia la recuperación?

La intervención profesional es la mejor opción para tratar el alcoholismo en mujeres. La consejería y la psicoterapia, especialmente la terapia familiar en el caso de personas jóvenes, pueden ser útiles para identificar los factores emocionales subyacentes que contribuyen al desarrollo del TCA. El apoyo familiar y las relaciones saludables son elementos esenciales para mantener la sobriedad.

El alcoholismo en las mujeres es un problema grave, complejo y en aumento, que merece ser estudiado, investigado con la tecnología más actual y entendido mejor. Reconocer los aspectos únicos del TCA en las mujeres es fundamental para la prevención, intervención y tratamiento efectivos. Como en muchos campos de estudio clínico relacionados con las mujeres, todavía nos queda mucho por recorrer.

-

Berg, J., Eisenberg, M., & Chung, T. (2017). Disparidades en el consumo de alcohol y otras sustancias entre adolescentes rurales: prevalencia, predictores y consecuencias del consumo de drogas. Journal of Substance Abuse Treatment, 82, 50-58.

Brady, K.T., & Randall, C.L. (1999). Diferencias de género en los trastornos por consumo de sustancias. Psychiatric Clinics, 22(2), 241-252.

Dawson, D.A., Goldstein, R.B., Grant, B.F. (2010). Tasas y correlatos de dependencia de alcohol, cannabis y cocaína: resultados de la Encuesta Epidemiológica Longitudinal Nacional sobre el Consumo de Alcohol. Journal of Consulting and Clinical Psychology, 68(6), 1047-1060.

Delle-Vigne, D., Gordon, E. E., & Wemm, S. E. (2020). Factores de riesgo y protección para niños de alcohólicos: implicaciones para la práctica y la política. Journal of Children & Infants, 1(2), 74-90.

Eastwood, B., Peacock, A., Millar, T., Sutherland, R., Nelson, M., Lau, A. & otros. (2017). Patrones de consumo de drogas y alcohol entre mujeres bisexuales y heterosexuales: resultados de una muestra nacional basada en la población. Drug and Alcohol Dependence, 180, 348-351.

Frezza, M., di Padova, C., Pozzato, G., Terpin, M., Baraona, E., & Lieber, C.S. (1990). Altos niveles de alcohol en sangre en mujeres. El papel de la disminución de la actividad de la alcohol deshidrogenasa gástrica y el metabolismo de primer paso. New England Journal of Medicine, 322(2), 95-99.

Goodwin, D. W. (1993). ¿Es hereditario el alcoholismo? Oxford University Press.

Greenfield, S.F., Back, S.E., Lawson, K., & Brady, K.T. (2010). Abuso de sustancias en mujeres. The Psychiatric Clinics of North America, 33(2), 339-355.

Haverkos, H. W. (2020). Vergüenza tóxica: su papel contribuyente en los trastornos adictivos. Addiction Professional, 18(5), 22-28.

Hommer, D. W. (2016). Diferencias de género en el alcoholismo y la psicopatología comórbida. En Handbook of Clinical Neurology (Vol. 125, pp. 121-133). Elsevier.

Johnson, R. M., Kemp, R., Johnson, N. D., Balluff, B., & Rasberry, C. N. (2019). Homicidios estudiantiles asociados a la escuela—Estados Unidos, 1992-2016. MMWR. Morbidity and Mortality Weekly Report, 68(2), 23.

Kaskutas, L. A., Borkman, T. J., Laudet, A., Ritter, L. A., Witbrodt, J., Subbaraman, M. S., ... & Stunz, A. (2019). Elementos que definen la recuperación: la perspectiva experiencial. Journal of Studies on Alcohol and Drugs, 80(3), 334-350.

Instituto Nacional sobre el Abuso del Alcohol y Alcoholismo. (2020). Investigación sobre alcohol: revisiones actuales: alcohol y salud de la mujer. Recuperado de https://pubs.niaaa.nih.gov/publications/arcr352/376-377.htm

Nigg, J. T., Gustavson, D., Amstadter, A. B., & Yan, L. (2020). TDAH y psicopatología externalizante mixta: el modelo de rasgo versus el espectro. Molecular Psychiatry, 25(12), 3160-3168.

O'Connor, R. M., Pugh, R., & Cox, W. M. (2016). Asociaciones entre los problemas relacionados con el alcohol de los miembros de la familia y la trayectoria de búsqueda de tratamiento de los bebedores. Journal of Family Psychology, 30(6), 722-732.

Administración de Servicios de Salud Mental y Sustancias (2020). Indicadores clave de uso de sustancias y salud mental en Estados Unidos: resultados de la Encuesta Nacional sobre el Uso de Drogas y la Salud 2019 (Publicación HHS No. PEP20-07-01-001, Serie NSDUH H-55). Rockville, MD: Centro de Estadísticas y Calidad en Salud Conductual, Administración de Servicios de Salud Mental y Sustancias.

Vaillant, G. E. (2019). Envejecer bien: sorprendentes señales para una vida más feliz del estudio emblemático de Harvard sobre el desarrollo adulto. Little, Brown Spark.

Vandivere, S., Sullivan, K. L., Lee, B. J., & Malm, K. (2018). Conciencia parental sobre las experiencias de sus hijos y su participación en liderazgo y aprendizaje temprano: primeros hallazgos del Estudio Longitudinal de la Primera Infancia, Cohorte de Nacimiento (ECLS-B), encuesta a padres y hogares. (No. 2018-52). Child Trends.

Zilberman, M.L., Tavares, H., el-Guebaly, N., & da Silveira, D.X. (2003). Similitudes y diferencias de género: prevalencia y curso de los trastornos relacionados con el alcohol y otras sustancias. Journal of Addictive Diseases, 22(4), 61-74.

Entre alcohólicos y psicópatas

"Ya que no sabes qué te traerá el mañana, intenta ser feliz hoy. Toma una jarra de vino, siéntate a la luz de la luna y bébelo, reflexionando que quizás mañana será mejor." - Omar Khayyam, Rubaiyat

Hay dos tipos psicológicos predominantes de alcohólicos:

Existe el tipo sensible que se siente inferior e insuficiente y tiene dificultades con el contacto interpersonal, que es tímido y aunque necesita mucho afecto y amistad, carece de la capacidad para obtenerlos. Personas así encuentran que el alcohol les da confianza en sí mismos —los hace eufóricos, pero los deja deprimidos, porque mientras están flotando en alcohol sus problemas desaparecen, pero cuando llegan a las últimas gotas vuelven a la realidad.

El otro tipo es la antítesis del anterior, pero se vuelve igualmente alcohólico por medios diferentes y por otras razones. El extrovertido es afable y conversador, muy sociable, simpático y activo, siempre eufórico y eventualmente experimenta un cierto declive en inhibiciones y autocrítica. Comienza siendo un bebedor habitual excesivo, convencido de que "no me hace daño" debido a su ceguera particular hacia su propia debilidad de carácter. Dado su bajo umbral para experiencias desagradables y fracasos (que son frecuentes debido a su incapacidad para hacer planes a largo plazo y su propensión a "vivir el momento"), generalmente primero se convierte en un bebedor habitual y luego en alcohólico.

Aunque estos dos tipos parecen opuestos, comparten características como inmadurez, inseguridad, dependencia e intolerancia a la frustración. Su entorno, predisposición física y herencia (la predisposición a establecer un hábito fácilmente se hereda) agravan el problema. El aumento del alcoholismo femenino es alarmante — es más variado y lleva más estigma social, frecuentemente originado en alguna neurosis o depresión.

La característica común de todas las personalidades predispuestas al alcoholismo es la falta de armonía y equilibrio entre las capas psíquicas instintivas, emocionales y volitivas. Esto también es una característica de los psicópatas, pues algunos de ellos son alcohólicos. La conducta alcohólica de los psicópatas a menudo está relacionada con factores socioculturales. En países subdesarrollados, la embriaguez es poco frecuente, excepto en celebraciones periódicas de carácter orgiástico — que remiten a las Bacanales celebradas en Grecia en honor al dios Baco.

Las consecuencias del alcoholismo son muy graves: repercusiones en el hogar y en el trabajo que pueden conducir a la ruptura familiar y a una verdadera dislocación social; una tasa de mortalidad considerablemente más alta debido a complicaciones viscerales, depresiones, suicidios y accidentes, complicaciones psíquicas y delitos (golpes y lesiones, abusos infantiles, violaciones, homicidios). Lo que es evidente es que tanto el alcoholismo como la psicopatía son problemas morales — fósiles sociales. Ambos muestran una desesperada búsqueda de placer y una incapacidad para permitir que la vida siga sus ritmos y cambios naturales.

54

Alcoholismo masculino y femenino

Cuando una mujer se emborracha, tiende a esconderse, a sentirse avergonzada de sí misma. En cambio, un hombre, por razones sociales, presume de ello. La mujer alcohólica bebe sola, el hombre tiende más a reunirse con amigos y solo llega a ser prisionero de la adicción cuando ésta alcanza su etapa más avanzada. Las mujeres reconocen su enfermedad con mayor frecuencia, mientras que los hombres la niegan, incluso cuando caen completamente borrachos con una copa en la mano. Los desastres causados por el alcoholismo en la familia adquieren un aspecto mucho más grave cuando es la madre quien bebe, porque la figura materna en la unidad familiar, es más importante que la paterna, de hecho, indispensable.

Ciertamente, se espera mucho más de una mujer tanto en el ámbito familiar como en el social. Se espera más, porque ella puede dar más, por su capacidad de madurar y asumir grandes responsabilidades. Aunque se afirma que el sexo masculino es más fuerte, los hechos demuestran que los hombres son más débiles de carácter y tienen más dificultad para madurar y asumir responsabilidades morales (las que no tienen que ver con generar ingresos o seguir estudios). Por eso, todo le resulta más fácil y se le perdona sus aventuras amorosas, su embriaguez y su falta de apego a la familia (siempre está en el trabajo, de viaje, jugando dominó o con su amante). Poco se le exige al hombre en el nivel familiar; se le considera un padre exitoso solo porque lleva dinero a casa, aunque nunca hable con sus hijos —que para él son como extraterrestres.

Una mujer es mujer, y por esa simple razón, sus errores, ya sea como madre, esposa, hija o empleada, no son perdonados. Con el lamentable cambio actual en las mujeres, que están imitando los errores que tanto criticaron en los hombres, cada vez consumen más alcohol, lo que se traduce en un aumento en las cifras de alcoholismo femenino.

A continuación, presentaré los casos de dos alcohólicos: un hombre y una mujer. A cada uno se le entregó una hoja en blanco con las siguientes preguntas: ¿Cuánto tiempo llevas bebiendo? ¿Con quién bebes? ¿Por qué bebes? ¿Cuáles han sido las consecuencias de tu adicción?

Aquí están sus respuestas:

Caso N° 1: Mujer de 59 años, extranjera (de Venezuela), viuda, ama de casa, con 4 hijos.

"No puedo decir exactamente por qué bebo. Principalmente, para acompañar a mi esposo. En los últimos nueve años, debido a su muerte, el beber se ha convertido en un hábito. Desde hace cinco años, bebo más de lo normal: por adicción, también por falta de sueño — cuando bebo antes de acostarme, es fácil quedarme dormida. Mi matrimonio fue mejor que la mayoría. Desde que murió mi esposo, he sido especialmente propensa a la depresión. Inevitablemente, mi pasado siempre está presente — sobreviví a la guerra y perdí a toda mi familia en ella. El alcohol me hace olvidar todos estos pensamientos. He mezclado tranquilizantes y otras drogas con alcohol y eso produce una sensación increíble de paz, aunque al día siguiente seguro digo que nunca volveré a beber. Pero es inevitable... después de un tiempo, tengo que comenzar a beber de nuevo. Cuando mis hijos se dieron cuenta de mi adicción, quitaron toda gota de alcohol de mi casa. Fue peor aún porque incluso llegué a beber "agua de colonia". Ahora puedo ver claramente las consecuencias: la incapacidad de prescindir del alcohol, el colapso mental y la sensación de ser una esclava de él... Cuando lo tengo, no puedo dejar de beber... ¿Qué más puedo decir?"

Caso N° 2: Hombre de 44 años, fallecido hace unos meses por una hemorragia debido a la ruptura de várices esofágicas, venezolano, divorciado tras 8 meses de matrimonio.

"Empecé a beber cuando era joven, en grupo. Vengo de una familia numerosa donde se bebe mucho. Dos de mis hermanos son alcohólicos y también lo fue mi padre. Vengo de una zona del país donde los únicos pasatiempos, aparte de perseguir mujeres, son beber aguardiente y apostar a los gallos. De todas formas, este problema que tengo ahora comenzó cuando compré un bar donde trabajaba. Hay clientes habituales que te invitan o casi te obligan a beber con ellos. Tuve una buena relación matrimonial. Fue por la muerte de un hermano con quien tenía mucho cariño que empecé a beber con más frecuencia: al menos, me emborrachaba hasta morir tres o cuatro veces a la semana y mi esposa, en lugar de ser comprensiva, me trataba mal y no cocinaba para mí, y peor aún, se negaba a tener sexo conmigo — lo que me enfadaba tanto que la golpeaba. Luego tuvimos problemas económicos y ella quiso divorciarse, lo cual acepté de inmediato, pero cuando me emborrachaba, que era todos los días, entonces, iba a su casa y le gritaba porque me molestaba que, mientras yo trabajaba, ella viviera de lo que yo ganaba y, cuando empecé a tener problemas, en lugar de estar a mi lado, me echaba. Todas las mujeres son iguales: te usan mientras pueden... luego hacen como si fueran mártires. Se pueden ver los resultados: tengo cuarenta y cuatro años y parezco de setenta. He perdido mucho peso porque cuando bebía perdí el apetito, y al levantarme vomito mucho y tengo evacuaciones escasas y de olor fétido. Mi matrimonio no fracasó por el alcohol, sino porque mi esposa era una criatura mezquina y sosa, incapaz de entenderme."

Un hombre vestido de blanco

"El hombre pasa sus días persiguiendo pelotas o liebres, y eso es el placer incluso de los reyes." - Pascal

Si analizáramos la vida cotidiana con mayor objetividad, descubriríamos que hay muchos placeres simples que no tomamos en cuenta cuando ponderamos las cosas agradables frente al dolor. Placeres simples como tener sed y encontrar agua; tener hambre y encontrar un plato de sopa; necesitar orinar en medio de un viaje y llegar a casa a tiempo; tener una necesidad urgente de defecar al hacer fila en el banco y encontrar los baños. Estos últimos dos placeres mundanos son tabúes debido a nuestra creencia no expresada de que, aunque hacemos esas cosas, no las mencionamos, y mucho menos revelamos la necesidad de hacerlas. Sin embargo, son algunos de los aspectos más esenciales en la vida de cada ser humano. Es curioso que en la Enciclopedia Británica no exista una entrada para el término "escatología," solo para su pariente etimológico "escatología," es decir, aquella que se refiere al estudio de las doctrinas relacionadas con el fin del mundo.

Un hombre llamado Schurij abordó este tema y escribió cuatro libros sobre él: uno sobre la orina, otro sobre la bilis, uno sobre la sudoración y otro sobre las heces. El libro sobre la sudoración no me atrae en lo más mínimo. Me conformo con el recuerdo de los violinistas ocasionales que he encontrado y que ciertamente radiaban un aire orquestal inconfundible e indescriptible de esa naturaleza.

El placer y el dolor, al igual que otras ideas simples, no pueden ser ni descritos ni definidos. La experiencia es el único camino que conduce al conocimiento sobre ellos. Los placeres no son ni buenos ni malos, ya que el placer en sí mismo es moralmente indiferente. Lo que podría clasificarse como bueno o malo son las consecuencias del placer. En lugar de usar términos juzgadores como "bueno" o "malo," sería preferible sustituir "inferior" o "superior," porque en realidad son placeres de una naturaleza inferior o superior. Hace cientos de años, los chinos escribieron en el I Ching: "La verdadera felicidad debe surgir del interior de uno mismo. Pero cuando uno está vacío por dentro, hasta el punto de abandonarse a las atracciones del mundo exterior, la felicidad ilusoria se afirma desde afuera. Esto es lo que muchos llaman entretenimiento. Aquellos que, por falta de fuerza interior, sienten la necesidad de distracción siempre encontrarán una forma de entretenerse. Debido a la vacuidad de su naturaleza, siempre actuarán como un vacío para los placeres externos, volviéndose aún más perdidos. En este caso, ya no se trata de mala suerte, desgracia o calamidad. Han perdido el control de sus vidas y lo que les aguarde ahora depende del azar y las influencias externas." Hay que inclinar la cabeza ante tal sabiduría, porque lamentablemente en este siglo los asuntos espirituales son de menor importancia — el ritmo de vida no parece permitirlo. Uno lucha tanto por la supervivencia material, que el poco tiempo que queda se dedica al placer sin esfuerzo.

Gradualmente me he ido alejando de mi verdadero objetivo, que era escribir sobre la relación entre el placer y el alcoholismo. Dos factores son fundamentales: el condicionamiento social y la búsqueda del placer, aunque el dolor no debería eliminarse como motivo para beber. Es una cadena difícil de romper, porque los intereses creados por el consumo generan ganancias exorbitantes. Los medios de comunicación responden a esos intereses porque también se traducen en enormes beneficios para ellos. Puede que no haya mucho que comer en una casa, pero seguramente hay un televisor y, quién sabe, tal vez también un VCR, así que la gente desperdicia todo su tiempo libre viendo programas y comerciales donde aparece una chica vestida de negro con zapatos blancos bajándose de un coche blanco con un chófer negro, y un hombre vestido con un traje blanco y zapatos negros que viene a buscarla. Juntos se sientan en una pequeña mesa a la luz de la luna, mientras un hombre rubio con esmoquin negro les sirve una copa del mejor whisky destilado y ella le toca la mano y lo mira seductivamente, y en ese momento el hombre vestido de blanco prueba su bebida, saca el pecho y ruge como un león, luego se levanta, toma a la chica por el brazo y le da un beso que la deja aturdida. Como la señora de la casa ha visto en la televisión cómo las sirvientas pueden hacer grandes avances en su rango social si el hombre adecuado se enamora de ellas, seguramente traga toda la publicidad.

Instaglum: Como nos desconectan las redes sociales

En una era dominada por las redes sociales, ha surgido un nuevo fenómeno al que llamaremos 'Instaglum', que destaca la alarmante relación entre el uso de las redes sociales, la soledad y el abuso de alcohol o Trastorno por Uso de Alcohol (AUD). Como psiquiatra, he visto un aumento dramático en pacientes cuyos problemas se ven claramente agravados por las redes sociales y sus efectos. La investigación ha demostrado que el aumento en el uso de las redes sociales se ha ligado a una mayor sensación de soledad y al 'alcoholismo de fin de semana', así como a un deterioro de la dañina cultura del "yo, yo, yo".

Todos sospechamos que el uso excesivo de las plataformas sociales puede contribuir a sentimientos de soledad y aislamiento. La naturaleza curada y filtrada de las publicaciones crea una ilusión de celebración y éxito interminables, lo que resulta en sentimientos de inseguridad y FOMO (miedo a perderse de algo). La investigación de Jones y Pittman (2018) reveló que las personas que pasan más tiempo en las redes sociales reportan niveles más altos de soledad y menor satisfacción en sus relaciones interpersonales.

Además, el uso frecuente de las redes sociales reemplaza las interacciones genuinas cara a cara por conexiones superficiales en línea. Un estudio realizado por Primack et al. (2017) encontró que las personas que reportaron sentirse solas tenían más probabilidades de involucrarse en un uso excesivo de las redes sociales como medio para buscar validación social virtual. Por si fuera poco, las redes sociales generan una experiencia paradójica de conexiones sociales — una especie de espejismo. La gente se siente social en línea y, sin embargo, esas conexiones en línea no siempre se traducen en vínculos reales. Esto agudiza los sentimientos existentes de soledad y alienación, y así continúa el ciclo...

La soledad, como sabemos, puede funcionar como un catalizador para el abuso y la adicción al alcohol. A medida que las personas buscan aliviar sus sentimientos de aislamiento, el alcohol puede convertirse en un mecanismo de afrontamiento. Los investigadores han encontrado que el consumo excesivo de alcohol es significativamente mayor entre quienes experimentan soledad (Fremont, Bird y Bohnert, 2013).

Aquí, las redes sociales desempeñan un papel adicional: al perpetuar una cultura deshonesta de consumo y fiesta. Celebridades e influencers muestran cómo se involucran en un consumo excesivo de alcohol, lo que lleva a las personas a creer que dicho comportamiento puede aliviar sus propias ansiedades (Thompson y Parrott, 2017) y mantenerse. Esto es 'alcoholismo de fin de semana', es decir, el abuso de alcohol que forma parte y se sostiene en un estilo de vida, en apariencia, de alto rendimiento.

Es evidente que las redes sociales y la tecnología han llegado a dominar la vida moderna. Un estudio reciente de Ipsos muestra que casi el 80% de los adultos en EE. UU. usan activamente las redes sociales. Comenzamos a ver los efectos secundarios preocupantes de este cambio sísmico en la comunicación, particularmente en lo que respecta a la crianza y las dinámicas familiares.

La caracterización simplista de cualquier generación está sujeta a debate, pero la aparición de una generación 'yo, yo, yo' es una verdad ampliamente aceptada, al menos en los países occidentales. La cultura 'yo, yo, yo' se refiere a un cambio social en el que las personas priorizan a sí mismas por encima de los demás. Este fenómeno ha sido, no sorprendentemente, vinculado a las redes sociales — con el acceso constante a plataformas en línea que lleva a las personas a ser menos empáticas y más centradas en sí mismas. Se podría argumentar que, como el autoenfoque no es nuevo, la atención se ha desplazado del bien del grupo al bien del individuo. Según un estudio de la Asociación Americana de Psicología, esta mentalidad centrada en uno mismo ha llevado a un aumento del 30% en el narcisismo en las últimas tres décadas.

Incluso un conocimiento superficial de las plataformas de redes sociales evidenciará este cambio. La gente suele publicar imágenes y actualizaciones sobre sí misma sin considerar el impacto que esto puede tener en los demás. Puede volverse tan automático publicar actualizaciones que las personas olvidan considerar los sentimientos de quienes puedan estar en desacuerdo o sentirse ofendidos por la publicación. ¿El resultado? Mayor alienación.

El impacto de las redes sociales en la crianza y la dinámica familiar

Cuando los padres experimentan una sobreexposición a las redes sociales, puede crearse un abismo entre ellos y sus hijos, dañando la dinámica familiar. Esta distancia dentro de las familias puede afectar negativamente el desarrollo del sentido del yo en los niños —y eso sin contar que aún no tienen un teléfono propio. Una vez que los niños comienzan a interactuar con las redes sociales, surgen problemas adicionales —como una cultura de vergüenza corporal y acoso— que pueden afectar negativamente su bienestar mental y emocional. Según un estudio del Pew Research Center, el 60% de los adolescentes en EE. UU. han experimentado ciberacoso, lo que parece ser una prueba de que las redes sociales no inhiben el acoso, como se decía anteriormente; en cambio, simplemente lo trasladan a otra forma.

Las plataformas de redes sociales han contribuido en gran medida a nuestra obsesión excesiva con la cultura de la celebridad. Los famosos son representados implacablemente en los medios, a veces con mensajes problemáticos, y pueden contribuir a problemas de imagen corporal negativa o a una cultura general de vanidad. Los modelos a seguir que son ricos, profundamente convencionales en su estética e influyentes, contribuyen a esta mono- cultura. Las generaciones más jóvenes aspiran a ser como ellos en lugar de a sus padres, dando lugar a fuerzas neurológicas en competencia que alejan cada vez más a las familias.

Es importante señalar que las redes sociales no son completamente malas. Conectan a personas que de otra manera no podrían comunicarse entre sí, permiten el acceso a amigos y familiares que están lejos, y han impulsado movimientos sociales importantes. Sin embargo, usar las redes sociales con moderación es esencial para mitigar sus efectos negativos.

Ser consciente de los sentimientos que las redes sociales evocan es una forma de evitar la trampa de la comparación. Crear relaciones honestas en las redes sociales, como lo harías en la vida real, sin miedo a expresarte sinceramente, es otra. Además, limitar la cantidad de tiempo que se pasa en las redes sociales, especialmente para los niños, es fundamental y evidente.

El concepto de 'Instaglum' —una plataforma adictiva que puede ofrecer dosis instantáneas de desolación— arroja luz sobre la poderosa conexión entre las redes sociales, la soledad y el consiguiente abuso de alcohol. Reconocer el potencial daño de las redes sociales y tomar medidas proactivas para fomentar conexiones humanas genuinas puede ayudarnos a combatir el Instaglum y sus efectos perjudiciales. Reevaluar nuestra relación con las redes sociales, y con los medios en general, puede ayudarnos a encontrar un equilibrio más saludable y lograr una experiencia social más plena.

-

American Psychological Association (APA). (2018). Narcisismo en las redes sociales.

Fremont, M., Bird, C. E., & Bohnert, A. (2013). Uso de alcohol entre adolescentes y adultos. Comportamiento Humano, 41-52.

Ipsos. (2018). Redes sociales en EE.UU. Ipsos.com.

Jones, N. M., & Pittman, M. (2018). Uso de las redes sociales y percepción de aislamiento social entre jóvenes adultos en EE.UU. American Journal of Preventive Medicine, 345-352.

Kross, E., Verduyn, P., Demiralp, E., Park, J., Lee, D. S., Lin, N., et al. (2013). El uso de Facebook predice disminuciones en el bienestar subjetivo en jóvenes adultos. PLOS ONE, e69841.

Pew Research Center. (2018). Adolescentes, redes sociales y tecnología. Pew Research Center.

Primack, B. A., Shensa, A., Sidani, J. E., Whaite, E. O., Liu, C., et al. (2017). Uso de redes sociales y percepción de aislamiento social entre jóvenes adultos en EE.UU. American Journal of Preventive Medicine, 46(6), 663–671.

Rideout, V. J., Foehr, U. G., & Roberts, D. F. (2010). Generación M2: Medios en la vida de niños y adolescentes de 8 a 18 años. Henry J. Kaiser Family Foundation.

Sampasa-Kanyinga, H., Hamilton, H. A., & Chaput, J. P. (2019). Uso de redes sociales, tiempo frente a pantallas y duración del sueño en niños canadienses: un análisis longitudinal desde 2014 hasta 2019. Sleep Medicine.

Spinella, M. & Yang, B. (2019). La influencia de los padres y pares en el desarrollo adolescente en la adultez emergente. Emerging Adulthood.

The Child Mind Institute. (2020). Cómo las redes sociales están perjudicando la salud mental de tu hijo.

Thompson, E. L., & Parrott, D. J. (2017). Cuando el alcohol es solo parte del problema: Un análisis a nivel de evento de las consecuencias negativas relacionadas con el consumo de alcohol y otras sustancias. Psicología de los Comportamientos Adictivos, 31(3), 307-319.

Twenge, J. M., & Campbell, W. K. (2009). La epidemia del narcisismo: Vivir en la era del derecho. Simon and Schuster.

Vaugh, M., Hogan, M. J., Kinsella, E. L. (2020). Redes sociales y bienestar adolescente: ¿Existe un lado oscuro? Routledge.

Alucinosis alcohólica

Muy rara en su forma pura, la alucinosis alcohólica, también conocida como paranoia alucinatoria y delirio alcohólico crónico, generalmente presenta alucinaciones auditivas que generan ideas delirantes de persecución, mientras mantiene la claridad de los sentidos sin deterioro.

Se diferencia del delirium tremens en la predominancia de las alucinaciones auditivas y táctiles y en la claridad de conciencia; en que el abuso prolongado de alcohol, como se observa entre los jóvenes bebedores, no es inevitable; en que no es característico de quienes consumen bebidas de licor, de ahí su frecuencia entre las mujeres; y en la ausencia de cambios orgánicos graves.

Algunos autores coinciden en que el delirium tremens y la alucinosis alcohólica son patogénicamente idénticos. Kraepelin concede que el inicio del delirium tremens es causado por una inundación repentina del cerebro con meta-toxinas alcohólicas, mientras que, si hay menos de ellas, estas atacan solo los centros auditivos, causando sonidos de voces y ligera obnubilación, una explicación patogénica para la intensidad del delirio y la suavidad de la alucinosis.

Las observaciones de Wolfer, Sberger y Bleuler tienden a dar gran importancia a la tendencia esquizofrénica de la constitución, que se activa por los cambios metabólicos producidos por el alcohol. Esta hipótesis ha sido respaldada en casos de alucinosis en los que el desarrollo final es claramente esquizofrénico. En la alucinosis, los síntomas somáticos y neurológicos del alcoholismo crónico son imperceptibles o no particularmente pronunciados, mientras que el sueño siempre es insuficiente y nunca tranquilo.

Los principales síntomas psíquicos son las alucinaciones auditivas, o voces, de una o varias personas invisibles que hablan del sujeto en tercera persona, refiriéndose a sus hábitos y prácticas, y lanzando acusaciones verdaderas o falsas. En casos muy avanzados, el sujeto participa en el diálogo él mismo. Algunas voces hablan a su favor y otras en su contra, aunque al principio no son muy claras, más bien son un tipo de murmullo.

Frecuentemente, siguen las alucinaciones táctiles, como ser pellizcado o mordido. Luego vienen las alucinaciones visuales en las que la persona ve a una persona en la oscuridad o detrás de la puerta. Cuando ocurren alucinaciones de cenestesia, olfato y gusto, debe considerarse la esquizofrenia. Las alucinaciones van acompañadas de delirios, relacionados con la culpa por el abuso del alcohol y errores reales o imaginarios.

Las voces presentan delirios de persecución, planes de escape, siempre sin sentido y sin ser criticados por la víctima. La tremenda ansiedad causada por el acoso de estos presuntos persecutores induce a las víctimas a cometer actos de autoagresión.

Su claridad sensorial se mantiene casi intacta, aunque las experiencias alucinatorias se mezclan con percepciones reales. La orientación es perfecta y el comportamiento correcto, hasta el punto de no atraer la atención de los colegas en el trabajo. La concentración y la atención parecen normales, y pueden mantener una conversación lúcida, aunque de vez en cuando se apartan para atender a sus voces.

La memoria permanece intacta, prueba de ello es que a menudo relatan detalles minuciosos de sus experiencias alucinatorias y de los eventos en sus vidas sin tender a mentir. La emoción predominante que rige su comportamiento es la ansiedad. La duración de la alucinosis alcohólica es algo mayor que la del delirium tremens, entre una semana y tres meses, siendo la abstinencia indispensable para una cura.

Por último, dedicaré un breve espacio a comentar una película que me impresionó tanto por su tema como por la dureza de su retrato. Me refiero a "*Ironweed*", con Jack Nicholson y Meryl Streep, quien ganó un Oscar a la mejor actriz en lugar de Cher, ya que la Sra. Streep logró un papel bastante difícil que no cualquiera podría haber interpretado. Trata sobre la vida de una pareja de vagabundos alcohólicos que son reducidos a la pobreza por su adicción. Ella es una cantante, exitosa en la radio, cuya caída es causada por el alivio temporal y la euforia producidos por el alcohol. Termina como una vagabunda que, para no morir de frío o ser devorada por los hambrientos habitantes de la calle, se refugia en el coche de un hombre, siendo el precio de esta estancia tener sexo con él. Él aparentemente estaba casado y tenía hijos y, en uno de sus episodios de borrachera, regresa a casa y causa accidentalmente la muerte de su hija menor y, en otras ocasiones, se involucra en disturbios o huelgas, causando muertes accidentales de aún más personas. Lo que es seguro es que, debido a sus excesos alcohólicos, tiene alucinaciones visuales en las que ve a todas esas personas a las que ha hecho daño y que le preguntan cosas, lo observan y se burlan de él. Se sospecha, aunque no se muestra explícitamente, que ambos terminan suicidándose.

HOFSTEDE

Delirium Tremens

El delirium tremens fue identificado como un síndrome clínico por Sutton (un médico inglés) en 1813, pero él desconocía su naturaleza alcohólica. Fue Rayer, en 1819, quien dio una descripción nueva y excelente de este delirio e insistió en su etiología alcohólica.

El delirium tremens es la complicación más grave del alcoholismo crónico; aunque solo se desarrolla en bebedores crónicos, no es necesariamente una complicación del alcoholismo crónico, ya que no todos los bebedores terminan siendo víctimas de él — aunque corren el riesgo. La concurrencia de ciertos factores somáticos es primero necesaria antes de que se manifieste. Esto se observa exclusivamente en individuos que presentan lesiones orgánicas resultantes de un abuso extremo de alcohol durante un período de siete a diez años. Se caracteriza por un delirio onírico con sintomatología típica y ciertos síntomas físicos — entre los cuales los más significativos son la agitación psicomotora y el temblor.

Hace unas décadas, solo se observaba entre las personas de las clases bajas, pero, desde entonces, también se han visto casos en las clases altas, así como entre mujeres (que anteriormente eran la excepción, aparte de prostitutas).

La edad en la que suele ocurrir generalmente está entre los treinta y cincuenta años.

La privación repentina de alcohol (abstinencia) muy raramente es la causa del D.T.

Se ha rechazado la predisposición constitucional al alcoholismo como un factor significativo en la aparición del D.T. debido a la preponderancia de personas que sufren de delirio ciclotímico, lo cual no debe interpretarse en el sentido de que la constitución maníaco-depresiva predispone al D.T., salvo a hábitos alcohólicos. Normalmente, no es habitual encontrar deficiencias psicopáticas o psicóticas entre los que sufren de D.T., sino que son individuos de salud mental y física vigorosa, cuya robustez natural ha resistido sus excesos alcohólicos durante años.

El D.T. se debe a ciertas alteraciones metabólicas que aumentan las toxinas en el sistema nervioso central o que impiden su destrucción. Algunos autores se enfocan en la insuficiencia hepática como un factor decisivo en la producción de estas toxinas; otros, por su parte, se refieren a la insuficiencia renal y otros a la insuficiencia cardíaca. Lo que es seguro es que no se puede inferir una patogenia general, pero la presencia casi invariable de lesiones hepáticas habla a favor de una patogenia única de origen metabólico.

Su presencia se anuncia con diversos síntomas premonitorios, siendo los más significativos los trastornos del sueño: sueño corto, inquieto, aparición de pesadillas aterradoras. También puede estar precedido por una o más crisis epileptiformes, que pueden desencadenar una crisis epiléptica. Precedido por estos síntomas o apareciendo de forma completamente inesperada, el delirio alcohólico agudo se presenta de forma súbita en la gran mayoría de los casos. El patrón clínico es tan típico que casi nunca presenta dificultades en el diagnóstico y se caracteriza por síntomas somáticos y psíquicos.

El primer síntoma somático que llama la atención es el temblor excesivo durante cualquier movimiento de las extremidades, principalmente las manos y la lengua. El segundo es el sudor profuso que corre por la cara. El tercero es el insomnio persistente, por lo que el individuo no puede descansar ni de día ni de noche. La temperatura es un indicador esencial. Alcanza 39–40°C en dos o tres días, luego fluctúa y permanece allí durante varios días. Existe una tendencia a creer que no existe el

D.T. afebril. La fiebre inicial de 40–41°C indica un delirium alcohólico hiperazotémico agudo.

Los síntomas psíquicos son: alucinaciones, trastornos del equilibrio, delirios profesionales, funciones receptivas, alteración mental, trastornos emocionales y conductuales.

Las alucinaciones son el síntoma más llamativo del delirio, consistiendo principalmente en alucinaciones visuales y táctiles (raramente auditivas) de gran variedad y desorganización. Las visiones son múltiples, caleidoscópicas, escénicas y microscópicas, relacionadas con enjambres de animales, aves parlantes, asesinos armados con cuchillos, legiones de soldados o enanos. Los que sufren de alucinaciones hápticas experimentan sensaciones peludas, similares a hilos, agua que gotea, sienten que animales muerden o insectos pican, o que todo su cuerpo pica. En las alucinaciones auditivas se manifiestan sonidos, pero estos son más típicamente ruidos rítmicos como cantos monótonos. Combinando alucinaciones de diferentes sentidos, el sujeto puede ver representaciones de escenas muy diversas: procesiones nocturnas de brujas y muertos cantando canciones fúnebres, sonidos de campanas, una feria enorme con espectáculos de marionetas y circos fantásticos. También pueden experimentar sensaciones cinéticas, como volar hacia un Sabbat de brujas, caer por una cascada o desde una torre, o levantarse de la cama y elevarse hacia el espacio.

El curso, la sintomatología y la duración de cada episodio de delirio alcohólico agudo no pueden describirse de forma diagramática debido a su gravedad y a la variedad de formas que adopta. La duración varía de dos a ocho días; algunos casos pueden ser fatales, pero generalmente el ataque termina con un sueño profundo tras una intensa manifestación de los síntomas antes mencionados. Durante su evolución pueden ocurrir recaídas, o puede pasar a un estado subagudo, o continuar en delirio residual. La recuperación suele ser rápida, pero una vez que se ha presentado el delirio, permanece cierta predisposición a su recurrencia. Cuando el delirio termina, los síntomas del alcoholismo crónico continúan.

El último exponente

"Tu pueblo no bebe, se emborracha" - A.O.

Para el evento, habían sido invitados científicos y médicos de todas las especialidades. Se reunían con el propósito de tratar temas de relevancia social. Dedicaron un día completo al problema del alcoholismo. Se dictaron interesantes conferencias acerca de los aspectos sociales del alcoholismo, se realizaron mesas redondas en las que se discutió sobre la creación de un comité de enlace formado por un presidente, un vicepresidente, un secretario y un subsecretario, quienes se encargarían de interponer demandas contra los medios de comunicación para que no aceptaran espacios publicitarios de bebidas alcohólicas. Los miembros del comité de enlace provenían del primero o del segundo mundo, pero no del tercer mundo, eso pude observar.

Después de la sesión de trabajos principales y mesas redondas, se inició la sesión de trabajos libres. Llamaban a un cierto doctor R., pero el doctor R. no respondía, así que imprevistamente se levantó un hombre de pequeñas proporciones y, apresurado, se encaminó hacia el escenario. Apoyó su mano sobre la mesa, tomó el micrófono, miró fijamente al público y dijo: "He venido a esta reunión con un objetivo muy definido.

Créanme, no me ha sido fácil llegar hasta aquí ya que, durante dos años, tuve que ahorrar y el resto de los incidentes prefiero no contárselos; me refiero a otras dificultades que tuve que superar, como la envidia de mis colegas, que me trajo como consecuencia no sólo una notable pérdida de peso, sino también de tamaño.

Vengo de una ciudad pequeña o por lo menos a mis ojos es muy pequeña, casi diminuta, en otras palabras, es un pueblo. La ciudad es muy bella, yo diría mágica, y posee una característica muy peculiar:

todo aquel que allí vive no sale de ella casi nunca, y cuando lo hace, apenas han transcurridos unos cuantos minutos cuando ya está de regreso. La ciudad tiene una avenida que es larga, muy larga, yo diría infinita; en esta avenida infinita de cada cuatro locales, uno es un bar.

Otro detalle, es que aunque sus habitantes se quejan de estar pasando períodos de crisis, en los bares, de lunes a domingo, no se encuentran asientos libres y entonces tiene uno que encaramarse en la barra. Afortunadamente, los habitantes son muy simpáticos y amigables, es fácil sentirse en ambiente, claro que también es posible que de cuando en cuando, si uno le pregunta la hora a un simple transeúnte, éste responda con un gruñido, un ladrido o algún sonido animaloide no identificable por el sistema auditivo de un ser humano.

Cuando llegué a la ciudad, quise entrar en ambiente y visité un bar, recuerdo que al entrar vi a un señor que más tarde supe que se llamaba el señor E. y con él estaban otros señores, todos bastante parecidos entre sí. Él y sus ocho amigos parecían tener una conversación muy importante y a la vez misteriosa, pues hablaban en un tono de voz muy bajo. Contento, me fui y me metí en una fiesta de gala en un club, allí noté una gran sociabilidad. Los hombres estaban en un rincón y las mujeres en otro.

A lo largo de los años, he asistido a otras fiestas y, he tomado en otros bares de la ciudad y he observado exactamente lo mismo. Allá la gente no tiene alternativas, no se promueven actividades culturales, no se promueven eventos deportivos, no les queda otro remedio que beber. El propósito de mi exposición es preguntarles si ustedes consideran que, hasta cierto punto, es justificable y comprensible el culto al alcohol que existe en mi ciudad.

Sometieron el caso a votación y la decisión fue unánime: Sí, el culto al alcohol era justificable y comprensible en su ciudad. Durante la votación, algunos de los asistentes lloraron, se acercaron al doctor R.

y le presentaron su más sentida condolencia por el drama que vivía su ciudad. Cuando partió le edificaron una estatua en homenaje a su sufrimiento, a su estatura y la llamaron: "El Último Exponente".

Drunkorexia: Explorando la cultura de consumo de alcohol en el campus

El consumo de alcohol entre los jóvenes ha sido, por supuesto, una preocupación desde hace mucho tiempo, con graves consecuencias tanto para los individuos como para la sociedad en general. Un fenómeno en particular que ha ganado atención en los últimos años es la '*drunkorexia*', un término utilizado para describir la peligrosa combinación del abuso de alcohol y los trastornos alimentarios. Este problema es prevalente entre los adultos jóvenes, especialmente los estudiantes universitarios, y es indicativo de una cultura de consumo de alcohol en el campus que merece una atención más cercana.

Las estadísticas muestran que la exposición temprana al alcohol aumenta significativamente el riesgo de dependencia alcohólica en etapas posteriores de la vida. Según un estudio realizado por el Instituto Nacional sobre el Abuso de Alcohol y Alcoholismo (NIAAA por sus siglas en inglés), las personas que comienzan a beber antes de los 15 años tienen cuatro veces más probabilidades de desarrollar dependencia del alcohol que aquellas que empiezan a los 21 años.

Además, la influencia parental juega un papel crucial en la formación de los hábitos de consumo de alcohol en la adolescencia. La Dra. Patricia Conrod, profesora de psiquiatría en la Universidad de Montreal, explica: "Los padres que minimizan los riesgos del alcohol y facilitan el acceso al alcohol a una edad temprana contribuyen inadvertidamente al desarrollo de comportamientos problemáticos relacionados con el consumo de alcohol en sus hijos".

Es importante desmentir la idea errónea de que la exposición temprana al alcohol puede actuar como una medida preventiva. El Dr. Ralph Hingson, director de la División de Epidemiología e Investigación en Prevención del NIAAA, enfatiza: "Los padres deben entender que proporcionar alcohol a sus hijos no reduce el riesgo de problemas relacionados con el alcohol, sino que en realidad lo incrementa".

Diversos factores contribuyen al consumo de alcohol en edades tempranas, incluyendo traumas, condiciones de salud mental y factores sociales. Los estudios han demostrado una fuerte correlación entre el trauma infantil y el alcoholismo/depresión en la adultez. El Dr. Bessel van der Kolk, reconocido psiquiatra y experto en trauma, afirma: "Las personas que experimentaron trauma en la infancia, a menudo recurren al alcohol como mecanismo de afrontamiento, ya que alivia temporalmente su dolor emocional".

Contrario a la creencia popular, la universidad no es el inicio del consumo de alcohol para la mayoría de los estudiantes. En cambio, funciona como un acelerador de hábitos de consumo ya existentes. La Dra. Catherine Baxley, profesora de sociología en la Universidad de Stanford, explica: "Los estudiantes universitarios enfrentan una gran presión para ajustarse a la cultura de consumo de alcohol prevalente en los campus, lo que conduce a una escalada en sus comportamientos de consumo".

¿Qué es la 'drunkorexia'?

La *drunkorexia* ha surgido como una tendencia peligrosa dentro de la cultura de consumo de alcohol en el campus — "caracterizada por individuos que restringen su ingesta de alimentos o realizan ejercicio excesivo para 'hacer espacio' en sus calorías para el alcohol", explica la Dra. Amelia Davis, psiquiatra especializada en trastornos alimentarios. Obviamente, este comportamiento puede tener graves consecuencias físicas y psicológicas, especialmente a largo plazo.

Las personas que practican '*drunkorexia*' tienen un riesgo aumentado tanto de problemas cognitivos a corto como a largo plazo. Según un estudio publicado en *Alcoholism: Clinical and Experimental Research*, la *drunkorexia* puede llevar a déficits en la atención, memoria y capacidad de toma de decisiones.

Combinar la restricción calórica con el consumo excesivo de alcohol tiene un impacto significativo en la salud física — contribuyendo a daño hepático, problemas de presión arterial y más. La Dra. Amanda Klein, psicóloga clínica especializada en abuso de sustancias, destaca: "La *drunkorexia* puede ser una precursora de problemas de salud a largo plazo, incluyendo enfermedades hepáticas y complicaciones cardiovasculares".

La combinación de alcohol y trastornos alimenticios aumenta la probabilidad de pérdida de conocimiento (*blackouts*), convulsiones y otras emergencias médicas. La Dra. Emily Murray, médico de urgencias, afirma: "Las personas que practican *drunkorexia* son más susceptibles a intoxicaciones por alcohol y tienen un mayor riesgo de lesiones y accidentes".

Además de estas consecuencias físicas, la *drunkorexia* también impacta negativamente el rendimiento académico y las capacidades de toma de decisiones. Un estudio publicado en *Journal of American College Health* encontró que los estudiantes que practicaban *drunkorexia* tenían promedios académicos más bajos y eran más propensos a involucrarse en comportamientos riesgosos.

Tendencias y Estadísticas Alarmantes

El consumo excesivo de alcohol ha sido durante mucho tiempo una tendencia preocupante en los campus universitarios de Estados Unidos, pero su incidencia está aumentando actualmente. Según la NIAAA, aproximadamente el 60 % de los estudiantes universitarios entre 18 y 22 años reportaron haber consumido en exceso en el último mes.

La combinación de alcohol con bebidas energéticas ha ganado popularidad entre los jóvenes adultos, lo que lleva a un aumento adicional del riesgo. El Dr. Richard van Rijn, profesor asistente de química medicinal y farmacología molecular, advierte: "La combinación de alcohol y bebidas energéticas enmascara los efectos sedantes del alcohol, aumentando tanto el consumo como los comportamientos de riesgo."

Conducir bajo los efectos del alcohol también sigue siendo una preocupación importante entre los jóvenes. Según los Centros para el Control y la Prevención de Enfermedades (CDC según las siglas en inglés), la conducción bajo influencia de alcohol representa casi una tercera parte de todas las muertes relacionadas con el tráfico entre personas de 15 a 24 años.

También existe una conexión inquietante entre el abuso de alcohol y la agresión sexual en los campus universitarios. Un estudio publicado en el *Journal of Adolescent Health* encontró que las personas que experimentaron agresiones sexuales relacionadas con el alcohol tenían, posteriormente, más probabilidades de consumir en exceso y de desarrollar trastornos por consumo de alcohol.

Factores Sociales e Impacto Psicológico

Las normas sociales tienden a normalizar el consumo de alcohol entre las jóvenes, lo que conduce a mayores riesgos. La Dra. Sarah N. Bellew, profesora asistente de psicología, explica: "La sociedad a menudo presenta el alcohol como una herramienta glamorosa y empoderadora para socializar, especialmente para las jóvenes, lo que puede llevar a comportamientos problemáticos de consumo."

El miedo al aislamiento social y la presión por encajar contribuyen a menudo al consumo excesivo. El Dr. Robert Cialdini, psicólogo especializado en influencia social, afirma: "Las personas pueden participar en el consumo excesivo para lograr aceptación y evitar el miedo a la exclusión social."

Comprender los diferentes 'tipos' de bebedores y sus comportamientos es esencial para abordar el problema del consumo de alcohol en los jóvenes. El Dr. Mark D. Wood, profesor de psicología, identifica distintas categorías, como bebedores sociales, bebedores problemáticos y personas dependientes del alcohol, cada uno con sus motivaciones y patrones de consumo únicos.

'*Drunkorexia*' es una manifestación inquietante de una enfermedad social moderna, profundamente vinculada a la cultura de consumo en los campus. Concientizar sobre los riesgos asociados con el consumo temprano de alcohol, abordar el trauma infantil y luchar contra las presiones y percepciones sociales en torno al alcohol son pasos necesarios para reducir el daño potencial.

El Dr. John Saunders, director del Instituto Nacional sobre el Abuso de Sustancias, destaca la importancia de seguir investigando y de implementar activamente medidas preventivas: "Es fundamental priorizar las estrategias de prevención juvenil, ofrecer servicios de intervención temprana y garantizar el acceso a tratamientos de calidad para quienes los necesiten."

Al reconocer la gravedad del consumo de alcohol en los jóvenes, en lugar de aceptarlo pasivamente como un 'rito de paso', y al identificar a quienes se automedican por traumas preexistentes, podemos comenzar a crear un entorno más seguro y saludable para los jóvenes adultos.

Al mismo tiempo, poco podemos hacer más que aceptar el impulso juvenil (¿o acaso es simplemente humano?) de empujar límites, buscar el olvido, coquetear con la autodestrucción—todo ello sin dejar de ofrecer recursos para mitigar las consecuencias dañinas del consumo excesivo y los comportamientos destructivos asociados.

-

Instituto Nacional sobre el Abuso de Alcohol y Alcoholismo (NIAAA). (2019). Consumo de alcohol en menores de edad.

Hingson, R., & White, A. (2019). Progresos futuros en la prevención de problemas relacionados con el alcohol: ¿Existe un límite para lo que podemos prevenir? American Journal of Preventive Medicine, 57(3), S262-S271.

Van der Kolk, B. (2003). La neurobiología del trauma y abuso infantil. Child and Adolescent Psychiatric Clinics, 12(2), 293-317.

Covington, S. (2008). Mujeres y adicción: Un enfoque basado en el trauma. Journal of Psychoactive Drugs, 40(sup5), 377-385.

Baxley, C. (2016). Consumo de alcohol y cultura universitaria: Examinando los efectos de la cultura en el campus sobre los comportamientos de consumo. Journal of Studies on Alcohol and Drugs, 77(4), 625-635.

Bontrager, K., & Lipper, H. (2012). Uso de alcohol, normas sociales percibidas y consecuencias a nivel comunitario del consumo estudiantil. Journal of Youth and Adolescence, 41(11), 1368-1382.

Dvorak, R. D., Borrero, J. C., Monfils, M., & Harvey, A. J. (2017). La coexistencia de trastornos alimentarios y consumo de alcohol entre estudiantes universitarios: Enfoque en la "drunkorexia". Eating Behaviors, 25, 9-13.

Klein, A. (2019). Drunkorexia: Combinando trastornos alimentarios y uso indebido de alcohol. Alcohol Research: Current Reviews, 40(1), arcr.v40.1.06.

Murray, E. (2015). Drunkorexia: Alcohol, alimentación y comportamientos disfuncionales relacionados con el consumo de sustancias. Eating Disorders, 23(4), 330-339.

Lipper, H. M., Hallett, A. M., & Bontrager, K. A. (2011). Drunkorexia: Entendiendo la coexistencia del consumo de alcohol y comportamientos de gestión del peso relacionados con la alimentación y el ejercicio. Journal of American College Health, 59(6), 531-538.

Instituto Nacional sobre el Abuso de Alcohol y Alcoholismo (NIAAA). (2019). Consumo de alcohol en la universidad.

van Rijn, R. (2015). El papel de las bebidas energéticas en las consecuencias relacionadas con el alcohol entre estudiantes universitarios. Journal of Adolescent Health, 56(4), 420-422.

Centros para el Control y la Prevención de Enfermedades (CDC). (2020). Conducción bajo los efectos: Conoce los hechos.

Testa, M., Livingston, J. A., & Kearns-Bodkin, J. N. (2009). El papel del consumo de alcohol en las mujeres para gestionar la intimidad sexual y las motivaciones de seguridad sexual. Journal of Studies on Alcohol and Drugs, 70(6), 874-883.

Bellew, S. N., & Stritzke, W. G. (2010). Diferencias de género en las percepciones e influencias sobre el consumo de sustancias de los jóvenes adultos. Substance Use & Misuse, 45(6), 912-924.

Cialdini, R. B., Goldstein, N. J., & Cialdini, R. B. (2004). Influencia social: Cumplimiento y conformidad. Annual Review of Psychology, 55(1), 591-621.

Wood, M. D., Sher, K. J., & Rutledge, P. C. (2007). Consumo de alcohol en estudiantes universitarios, consumo diurno y conducción bajo los efectos. Journal of Studies on Alcohol and Drugs, 68(6), 800-805.

Instituto Nacional sobre el Abuso de Drogas. (2019). Principios de prevención del abuso de sustancias en la primera infancia: Una guía basada en la investigación.

Una cicatriz solitaria: Alcoholismo y alienación

La soledad, aunque cada vez más frecuente en la sociedad moderna, sigue siendo una parte perdurable de la condición humana. Escritores y filósofos han explorado las profundidades de la soledad humana, ofreciéndonos la medicina de su visión — y el conocimiento arduamente ganado de que estar solo es ser humano. En obras literarias como Notas desde el subsuelo de Fyodor Dostoevsky o Moby-Dick de Herman Melville, los personajes lidian con un profundo aislamiento, destacando nuestro anhelo universal de conexión y comprensión. Filósofos como Jean-Paul Sartre y Albert Camus reflexionaron sobre la soledad existencial, enfatizando nuestra búsqueda común de sentido y el vacío existencial que puede consumir a los individuos.

Cuando combinamos la soledad con alcohol — como hacen muchos — la experiencia puede volverse más compleja, incluso incapacitante. El abuso de alcohol, en un ciclo vicioso, a menudo se convierte tanto en un mecanismo de afrontamiento como en un combustible para un mayor aislamiento.

Al intentar atenuar u olvidar su soledad, las personas pueden recurrir a un consumo excesivo de alcohol, lo que a su vez puede llevar a un juicio afectado y relaciones tensas. A medida que la dependencia del alcohol se profundiza, las conexiones sociales se deterioran, exacerbando la soledad que alimentó la dependencia inicial. Al examinar la interacción entre la soledad y el alcoholismo, debemos reconocer y respetar la naturaleza universal de la soledad, así como el impacto perjudicial físico, psicológico y social del alcohol.

El hilo que conecta la soledad con el alcoholismo a menudo está enredado con las dinámicas familiares. Es comprensible que, a medida que las estructuras familiares tradicionales han evolucionado, y en algunos casos se han desintegrado, este enredo se haya intensificado. A pesar de la mayor conectividad a través de la tecnología, internet, las redes sociales, etc., hemos visto una paradoja del aumento en el número de personas que reportan sentimientos intensos de soledad. Entonces, ¿cómo contribuyen los cambios en la estructura familiar a estos sentimientos de alienación y posible uso indebido de alcohol?

Al explorar la evolución de las estructuras familiares, el papel del vínculo madre-hijo y la importancia de la resiliencia y la conexión social, podemos obtener una comprensión más profunda de estas complejidades:

La Evolución de las Estructuras Familiares

Los años 50 estaban caracterizados por reglas sociales y valores conservadores que moldeaban firmemente la dinámica familiar. Los roles tradicionales de género y la estructura familiar nuclear eran fuertemente enfatizados. Sin embargo, los años 60 trajeron una transformación significativa con eventos como Woodstock y el auge de la contracultura (Torode, 2002). La liberación de la juventud desafió las rígidas restricciones de la década anterior. La década siguiente fue testigo de la emergencia del feminismo y el movimiento de las mujeres, acompañados por la introducción de las píldoras anticonceptivas y un aumento en la entrada de mujeres al mercado laboral (Coontz, 2005). Estos cambios alteraron los roles tradicionales de género y dieron paso a una nueva ola de dinámicas sociales dentro de las familias. Lamentablemente, estos cambios sociales también se correlacionaron con un incremento en el consumo excesivo de alcohol y drogas (Dees, 2003). Estas conductas a menudo resultaban en negligencia emocional dentro de las familias, perpetuando un ciclo de abandono y sus efectos perjudiciales en los niños criados en ese entorno.

Generación Yo

El concepto de "Generación Yo, Yo, Yo" surgió como un reflejo de una generación 'centrada en sí misma' que parece priorizar los deseos individuales sobre los valores colectivos (Twenge, 2007). Los estilos de crianza modernos, a menudo permisivos en naturaleza, han permitido, probablemente, un sentido de derecho y comportamientos egocéntricos entre los niños (Lamborn et al., 1991). Un énfasis en el individualismo ha sido aún más alimentado por ejemplos sociales que glorifican el egocentrismo —como el auge de celebridades de la televisión de *realities*, como las Kardashians, y la obsesión con fotos o *selfies* enfocados en uno mismo (Brooks, 2015). Estas influencias culturales contribuyen a un entorno donde prevalecen comportamientos crueles, el ciberacoso y una soledad aumentada. Factores subyacentes como la disminución de la afiliación religiosa, la erosión de los valores tradicionales y la falta de sistemas de orientación y apoyo también contribuyen a la sensación de aislamiento que experimentan las personas en la sociedad actual (Cacioppo y Patrick, 2008).

La madre

Instintivamente comprendemos la importancia de la figura materna, pero ¿qué sugiere la investigación? Sentirse amado y apoyado por una figura materna juega un papel crucial en el desarrollo emocional del niño y en su bienestar general (Bowlby, 1969). Las madres cariñosas y que brindan apoyo proporcionan un sentido de protección y seguridad que permite a los niños prosperar y formar relaciones saludables con otros (Ainsworth et al., 1978). Por otro lado, las madres emocionalmente negligentes a menudo provocan sentimientos de soledad y desesperanza en sus hijos (Antonucci et al., 1994). La ausencia de un vínculo maternal fuerte puede dejar a las personas susceptibles a luchas emocionales, incluido el desarrollo del alcoholismo, asociado con una profunda soledad.

Dinámicas de género, disciplina y cuidado

Los roles de género tradicionales atribuían históricamente las tareas de disciplina y cuidado a géneros específicos, reforzando así las expectativas sociales (Gibson-Davis et al., 2006). Sin embargo, ahora existe un consenso psicológico moderno que enfatiza la importancia del rol de "Cuidador Principal", independientemente del género (Parke & Buriel, 2006). La influencia de sociedades hetero-patriarcales puede afectar las estructuras familiares, perpetuando ciertos roles y responsabilidades. Variaciones culturales, como las que se encuentran en tradiciones religiosas como el catolicismo o el protestantismo, moldean aún más los roles de género dentro de las familias y contribuyen a la dinámica cambiante de las estructuras familiares (Sabia & Wooden, 2014). Estas variaciones influyen en la distribución del cuidado y las responsabilidades dentro de las familias, lo que a su vez puede afectar el nivel de vínculo emocional y conexión entre los miembros familiares. No se implica aquí que alguna dinámica sea preferible. Al contrario, el cambio en las dinámicas de género y familia simplemente ha revelado la importancia de tener un cuidador comprometido y responsable en su lugar —sobre el cumplimiento de cualquier estructura familiar socialmente sancionada.

-

Las personas que luchan contra el alcoholismo a menudo enfrentan desafíos importantes en la comunicación y en la formación de conexiones significativas — una dificultad sustentada por sentir que están 'fuera' del grupo o de la 'norma'. Con el tiempo, la dependencia del alcohol puede obstaculizar aún más el desarrollo de relaciones interpersonales saludables, llevando a un mayor aislamiento y sentimientos de soledad (Falk et al., 2008). El abuso de sustancias, por supuesto, agrava los problemas familiares y personales existentes —y puede poner a las relaciones al borde de la ruptura, perpetuando un ciclo de aislamiento y soledad.

Abordar las causas subyacentes del alcoholismo y proporcionar sistemas de apoyo que fomenten una comunicación saludable y conexiones sociales es crucial para romper este ciclo —y promover la resiliencia, que a menudo falta en la adicción relacionada con la soledad.

La interconexión entre alcoholismo y soledad es tan antigua como la humanidad misma —pero las influencias sociales y tecnológicas de la modernidad sin duda han contribuido a su intensificación. Reconocer, no negar, los múltiples impactos del cambio social es la clave para combatir la soledad en la sociedad moderna. Luego, ofrecer el apoyo y la educación necesarios para fomentar la resiliencia emocional —y dinámicas familiares más saludables.

¿No es acaso en un mundo que reconoce y apoya a las personas en su búsqueda de conexión, mientras proporciona recursos para combatir el consumo problemático de sustancias, el mundo compasivo e inclusivo por el que deberíamos luchar?

-

Ainsworth, M. D. S., Blehar, M. C., Waters, E., & Wall, S. (1978). Patrones de apego: Un estudio psicológico de la situación extraña. Psychology Press.

Antonucci, T. C., Lansford, J. E., & Akiyama, H. (2001). Relaciones sociales entre adultos mayores en Japón y Estados Unidos: Probando hipótesis sobre la conexión social. The Journals of Gerontology Series B: Psychological Sciences and Social Sciences, 56(6), S305-S314.

Bowlby, J. (1969). Apego y pérdida: Vol. 1. El apego. Basic Books.

Brooks, R. (2015). El fenómeno Kardashian. Chelsea House Publishers.

Cacioppo, J. T., & Patrick, W. (2008). La soledad: La naturaleza humana y la necesidad de conexión social. W. W. Norton & Company.

Coontz, S. (2005). El matrimonio, una historia: Cómo el amor conquistó el matrimonio. Penguin Books.

Dees, R. (2003). Alcoholismo en mujeres: La epidemia oculta. Rutgers University Press.

Falk, D., Yi, H., & Hiller-Sturmhöfel, S. (2008). Un análisis epidemiológico del uso concomitante de alcohol y drogas y trastornos asociados: hallazgos de la Encuesta Epidemiológica Nacional sobre Alcohol y Condiciones Relacionadas. Alcohol research & health, 31(2), 100-110.

Gibson-Davis, C. M., Edin, K., & McLanahan, S. (2006). Grandes expectativas pero aún mayores esperanzas: La retirada del matrimonio entre parejas de bajos ingresos. Journal of Marriage and Family, 68(4), 1201-1212.

Lamborn, S., Dornbusch, S., & Steinberg, L. (1991). Etnicidad y el contexto comunitario como moderadores de las relaciones entre la toma de decisiones familiar y el ajuste adolescente. Child Development, 62(5), 963-974.

Parke, R. D., & Buriel, R. (2006). Socialización en la familia: Perspectivas étnicas y ecológicas. En W. Damon & R. M. Lerner (Eds.), Manual de psicología infantil, Volumen 3: Desarrollo social, emocional y de la personalidad (6ª ed., pp. 429–504). John Wiley & Sons.

Sabia, J. J., & Wooden, M. (2014). Una reevaluación del impacto de la religión en los ingresos. American Journal of Economics and Sociology, 73(3), 605-631.

Torode, B. (2002). ¡Contracultura, bebé! For the Record, 15(6), 16-19.

Twenge, J. M. (2007). Generación Yo: Por qué los jóvenes estadounidenses de hoy son más confiados, assertivos, con derecho—y más miserables que nunca. Free Press.

Sobre la Autora

Psiquiatra asistente del Instituto de Conducta de Wyoming en Casper, Wyoming, la Dra. Lida Prypchan se especializa en Psiquiatría de adultos, niños y adolescentes. Tiene más de dos décadas de experiencia en psiquiatría, comenzando en la adolescencia cuando realizó entrevistas con pacientes psiquiátricos mientras ayudaba a su padre en su práctica psiquiátrica en su tierra natal, Venezuela.

Después de obtener su título de maestría en la Universidad de Carabobo en Venezuela, la Dra. Prypchan se mudó a Pittsburgh, Penn., Donde vivió durante seis años. Durante este tiempo trabajó como investigadora asociada con Matcheri Keshavan, M.D.en el campo de la esquizofrenia, luego con Duncan Clark, M.D.en el campo de los trastornos de ansiedad en niños y adolescentes con abuso de sustancias en el Centro de Investigación de Alcohol para Adolescentes de Pittsburgh. Luego se unió a Juan Mezzich, M.D. y trabajó en varios proyectos de la Asociación Mundial de Psiquiatría en Sistemas de Clasificación de Diagnóstico en Psiquiatría en el Instituto y Clínica de Psiquiatría Occidental de la Universidad de Pittsburgh.

La Dra. Prypchan se entrenó en psiquiatría general durante tres años en la Universidad Central de Venezuela y durante cuatro años en el Centro Hospitalario Elmhurst / Escuela de Medicina Mount Sinai en la ciudad de Nueva York, donde también fue becaria durante dos años en Psiquiatría Infantil y Adolescente.

El Dr. Prypchan ha escrito 200 artículos publicados y ha recibido tres veces el Premio Nacional de Periodismo Científico en Venezuela.

... sobre filosofía

"Mi práctica budista y mi relación Maestro y discípulo con mi padre y otros mentores han sido fundamentales para mi desarrollo como ser humano y, por lo tanto, como psiquiatra ... No habría podido superar los desafíos que enfrenté bajo la presión de aprobar exámenes rigurosos como estudiante que era mayor que la mayoría, si no todos, de sus compañeros de la escuela de medicina de EE. UU. si no hubiera comenzado a practicar el budismo ".

"Cuando comencé mi práctica en 1988, sentí como si fuera una hoja girada por el viento, pero 20 años después, me siento más como un árbol, robusto y arraigado en el suelo de la realidad".

"La vida es una búsqueda, un espíritu que busca, una conclusión que busca. Lo que queremos es encontrar libertad y paz y manifestar nuestro potencial ... ¿Cómo se puede lograr esto? Mediante la unificación, no la compartimentación".

... en las artes

"Disfruto mucho de las artes literarias y visuales. Cuando no practico psiquiatría, paso mucho tiempo leyendo libros (especialmente biografías) y viendo películas que exploran una combinación de temas psiquiátricos y filosóficos".

Imágenes

¿Por qué es un alcohólico un alcohólico? - 'Terraza de Café por la Noche' [1888] Vincent van Gogh

Borracho de amor – 'Demonio (En el café)' [1904] Wojciech Weiss

Estados de afinidad - '¡Hip, hip, hurra! Festival de artistas en Skagen' [1888] Peder Severin Krøyer

Donde cae la manzana: ¿Es hereditario el alcoholismo? - 'Las tres edades de la mujer' [1905] Gustave Klimt

Dominio sin miedo - 'La poción amarga' [1630] Adriaen Brouwer

Las botellas vacías, las esposas buscan refugio - 'Escondiéndose de la esposa' [1872] Vladimir Yegorovich Makovsky

Hay alcohólicos y entonces hay alcohólicos - 'Los bebedores' [1890] Vincent van Gogh

¿Cuál fue primero, el alcohol o el crimen? - 'El borracho, Zarauz' [1910] Joaquín Sorolla

Un largo camino por recorrer: Comprendiendo las complejidades del alcoholismo en mujeres - 'La resaca' [1887-1889] Henri de Toulouse-Lautrec

Entre alcohólicos y psicópatas - 'El alcohólico, Padre Mathias' [1882] Henri de Toulouse-Lautrec

Alcoholismo masculino y femenino - 'En el café La Mie' [1891] Henri de Toulouse-Lautrec

Un hombre vestido de blanco - 'Los jugadores de cartas' [1894–95] Paul Cézanne

Instaglum: Como nos desconectan las redes sociales - 'Soledad en la niebla' - Leonid Afremov

Alucinosis alcohólica - 'Los borrachos' [1883] James Ensor

Delirium Tremens - 'Anciano Apenado (En la puerta de la eternidad)' [1890] Vincent van Gogh

El último exponente - 'Mi padre y el tío Piacsek con vino tinto' [1907] Jozsef Rippl

Drunkorexia: Explorando la cultura de consumo de alcohol en el campus - 'El albañil borracho' (detalle) [1786] Francisco de Goya

Una cicatriz solitaria: Alcoholismo y alienación - 'El ajenjo' [1875-76] Edgar Degas

www.ingramcontent.com/pod-product-compliance
Lightning Source LLC
LaVergne TN
LVHW060259051026
849517LV00003B/867
9798231814015